輝くいのちの伴走者

浅野史郎対話集

障害福祉の先達との対話

ぶどう社

はじめに　この本の成り立ち

この本は、対談相手になってくださった「障害福祉の五人の先達」と私の合作である。私は話の引き出し役にすぎない。主要な作り手はこの五人である。

最初からこんな本を作ろうと思っていたわけではない。出版パーティ大好き人間の私が、「しばらくぶりでパーティやりたいな」と思い、以前に何冊か本を出しているぶどう社の市毛さやかさんのところに書き溜めた原稿を持ち込んで「これで本作ってください」と頼んだのだが、断られてしまった。「先代社長の方針で、うちは障害福祉以外の本は出さないことにしています」というのだから仕方がない。

本作りはあきらめようと観念した私に、「浅野さん、障害福祉の対談集作りませんか」と市毛さんから提案があった。「おお、その手があったか」と息を吹き返した私はすぐに、「やろうやろう、面白そうだ。対談相手はすぐ思いつくぞ」と応じた。

こうしてこの本の企画ができた。対談相手の五人には、私から直接お願いしたのだが、いずれも「喜んで！」と応じてくださった。それからは、対談の日程調整も順調に進み、次々と対談の場を設定することができた。マレーシア在住の中澤健さんには、日本に里帰りする機会に時間を取ってもらった。

いずれの対談相手も話す材料が多すぎて、なかなか話が終わらない。聞き手の私としても、なつかしい昔の話に夢中になり、今まで知らなかったエピソードに興奮するというくり返しだった。対談時間は三時間から四時間に及んだが、まだまだ話すことは残っているという具合だった。

本にする際には、対談の内容をそのまま収載したのでは、予定の頁数を大幅にはみ出してしまう。編集者である市毛さやかさんは、採録した原稿のかなりの部分を削る作業に大変な労力を費やした。削るに忍びないところもたくさんあっただろう。それをエイヤっと切ってしまうときには、心の痛みを感じたに違いない。

五人の快男児と快女児は私とは長い付き合いである。障害福祉の分野のみならず、人間のありようとしても、教わるところはとても多い。この対談集をお読みいただく方々も、私と同じように感じてもらえるのではないか、そんな思いでこの本（「拙著」とはいわない）を送り出す。

二〇一六年十月　浅野史郎

輝くいのちの伴走者　もくじ

1 日浦 美智江

一九三八年　広島県生まれ
一九六二年　広島女学院大学英文科卒業
一九七二年　日本社会事業学校研究科卒業
一九七二年　横浜市立中村小学校訪問学級指導講師
一九八三年　障害者地域作業所「朋」指導員
一九八六年　知的障害者通所更生施設「朋」施設長
一九八七年　浅野史郎と出会う
二〇〇〇年　社会福祉法人「訪問の家」理事長
二〇〇一年　横浜市社会福祉審議会委員
二〇〇三年　横浜市障害者施策推進協議会会長
横浜市教育委員会委員
二〇〇五年　社会福祉法人 十愛療育会理事長
二〇〇六年　第五五回 横浜文化賞受賞
二〇一〇年　社会福祉法人「訪問の家」理事
二〇一二年　株式会社福祉新聞社取締役
二〇一四年　横浜市栄区社会福祉協議会会長就任

出会い

「いるね」。

浅野　では、出会いからいきましょう。

日浦　浅野さんのような人とめぐり合わなかったら、今の「朋」っていうのがずっと隠れてなきゃいけない存在でしたね。でも、出会った時は、ほんとうに恐かったですよ浅野さん、すごかったからね。なにしろ当時の「朋」というのは、制度にないものだったんですね。それを横浜市がバックアップしてくれて、当時でいえば、「精神薄弱者通所更生施設」という形をとっていたんです。その頃、横浜市から厚生省に出向で行っていた神山さんが、私にハガキをくれて、そこには「今、日浦さんは厚生省に来るな！　僕はまるで針の筵だ」って書いてあったんですよ。あの当時は、精神薄弱者法制度関係は市が持っていなくて、県に言わなきゃいけないんです。県を通って厚生省に行くんです。だから、「朋」の存在は神奈川県が片目をつぶってるっていう実態があったんですね。更生施設として許可がおりていたんですが、中身は重症心身障害児の施設です。そのことは厚生省は察していて、私としてはビクビクもんだったという時に、浅野障害福祉課長が「朋」に来るということで、横浜市もフワーってなっちゃったし、私も「ひえー」っとなっちゃったんですよ。横浜市の当時の課長も「そりゃ大変だ、私も同席する」ってやって来ました。

浅野　ちょっと待って、こっち側の事情もちょっと。なんで私が「朋」に行くようになったか。私は、一九八七年の九月末に厚生省障害福祉課長になったんです。私がまだ障害福祉課長になって一カ月くらいの時期だったんだと思うんだけど、職員が言うんです。「課長ね、横浜に変な施設があるんです。それは、重症心身障害の子が毎日通ってる施設なんです。毎日通えるなんていうのは、重症心身障害児って言わないですよね?」。私は、その前に二年間北海道庁で障害福祉の仕事してるし、重症心身障害の人とも会ってるしわかってる。「なんだこいつら、何も知らないんだな」と思いつつも、「わかった、それじゃあ一回行ってみよう」と。職員からすると、課長も「おかしい」と言うだろうと思ってたらしい。私は、そんな施設ってどんなんだろう、面白そうだなくらいだった。それで職員を勉強のために、「実態見とけ」という感じで一人連れて行ったの。だから、私の行く意図と日浦さんの「来られる、恐い」っていうのとは、ちょっと合ってなかったんだね。

日浦 それで、「朋」に浅野さんがいらっしゃいました。その時、横浜市の課長が、「横浜市の障害福祉は……」って語りかけたら、浅野さんがね、「今日は横浜市の話を聞きに来たのではない、朋の話を聞きに来たんだ」って。

浅野 ピシャっと言っちゃったのね。覚えてるよ。

日浦 で、そのあとですよ。矢継ぎ早に質問、もうとにかく質問なんです。それで、私が答えのポイントをはずすと聞き直さないわけですよ、もう次の質問いっちゃう。「あっ、これははずれたな」って私は思うわけ。私は、ただひたすら「すごいな〜厚生省の人頭がいいわー」と思って、必死になって追っかけてその質問に答えてたら、浅野さんは、「はい、わかりました」って言って、「じゃあみなさんに会いたい」って言ってホールに出たんです。ホールに出たら、浅野さんはただ無言でグル〜っとゆっくりゆっくり回るの。朝はみんながホールに全員集まるんですよ。だから輪っかになって車いすの人がいるわけですね。中にはストレッチャーの人もいたかもしれない。そこをずーっと回ってきて、「はい、おしまい」っていう感じで玄関に出て行ったの。

浅野 そうだっけ？ 説明聞いたでしょ？ 聞かなかった？

日浦 ううん、黙ーってね、ある意味では無言でね。だから私はもう、「あーダメだよ。これはエライことだよ」、なんて思いながら。浅野さんが玄関で靴履いて、ふっとこっち向いて、そのときに「いるな」って言われたの、こういうことばしかなかった。要だって。こういう実践は必要だって。こういうことばしかなかった。「いるね」って。で、サッと帰られたんですよ。それはほんとに、あの「いるね」って言われたのはものすごく重かったですね。泣きそうになった。「いるね」って言われたことは、とてもほんとにうれしかったですね。あの時に「あんたたちなんだこれは、車いすばっかりで、ここがなんで知的障害なの?」って言う人が来ちゃったら、もうほんとにそこまでだったと思いますね。その時、「あー、うちのみんなはツイてるな」って思った。そういう人をちゃんと連れて来てくれるって。初期に浅野さんとの出会いが生まれたっていうのは、「朋」の幸運だし、今三百いくつある重症児者の人が通える場所はこのモデル事業から始まった。ほんとにみんなの幸運だったと思います。

原点

同じじゃん

浅野　僕は、日浦さんがなんでこんな事業を始めたか、重症心身障害といわれる人たちが毎日通ってくる施設を作るということをなんで思いついたかわかりませんでした。あとから知ったのですが、「事実」が前にあったわけですよね。日浦さんにとってのこの仕事、障害児との出会い、仕事との出会い、その辺をちょっと話していただけませんか？

日浦　私は当時、結婚して子どもが二人いて、妻、主婦、母、もう一つ、自分自身が生きるっていうことをきちっとしとかないと、子どもが自分を置いて気持ちよく飛び立たないと思ったんですよ。「お母さんなんかやってるよ」って、そういう母でありたいと思ってたんです。それで日本社会事業学校研究科に入って、そしたら授業がすごく面白かったんです。そこで精神衛生センターに実習に行ったら、今度横浜で、重い障害児の学校教育を始めるので教室ができる、そこにソーシャルワーカーを一人雇用したいと。「日浦さん行かないか」ってそこの先生に言われたんですね。無鉄砲にも面接を受けたら、学校の先生、主任の先生の熱意がすごかったんです。その時主任の先生が、訪問指導に行きながら、この子たちはほんとに学校に行けないんだろうか、それとも学校側にこの子たちを受け入れる場所がないんだろうか、もし学校側がそうだったら、こっちがあーダメだよって言ってるとしたら、大変な間違いをしてるんじゃないか。それならば、まずは条件を揃えようって、畳を敷いた教室を作り、じゅうたんを敷いた教室を作って。これをね、一教諭が、一生懸命教育委員会に言って、教育委員会が動いたっていうのがすごいと思った。「あー、やってみたいな」と思ったの。

浅野　中村小学校でそういうことやろうとして、それでちゃんと横浜市教育委員会が聞いてくれたわけですね？　それすごいよね！

日浦　そうです。ここがまたラッキーでしょ。それで動き出して、位置づけとしては特殊学級として生まれました。そこに訪問指導の先生も一緒に入って。だから訪問教育と学校通級と同時進行でやってるんです。それとすごくユニークなのは、校医さんとは別に県立子ども医療センターの重症心身障害児施設の施設長の先生が校医として入るんです。それと、横浜市大のリハ科の若いドクターが入って、医療と福祉と教育が、なんと四十四年前にこの学級の中に入ってたんです。これすごいことだと思う。そこに、ソーシャルワーカーを入れようってことになったんです。それと、先生たちが家庭訪問してるから、母親の存在ってすごく大事っていうことはわかる。それは主たる養育者であるお母さんと教員とが二人三脚を組んでいかなければ、この教育の成果はあがらないって。だから、お母さんたちも学んでもらいましょうっていうんで、訪問学級の中に母親学級っていうのを作ったんです。お母さんたちにいろんなことを勉強してもらおうと、ちゃんと一つ教室もらって。

浅野　お母さんも勉強する機会ってことですね。

日浦　私は、障害のことは全然勉強してないで、いきなりここに来ちゃったわけですよ。いやあ、びっくりしましたね。

浅野　初めて？　生まれて初めて重症心身障害児っていうのに出会った。触った。抱いた。

日浦　そう。入学の時にお母さんが連れてみえたの。で、抱こうと思ったら首がすわってないんだよ、びっくりしましたよ。赤ちゃんみたいに抱いたもん。そこで、障害児教育の意義と意味とかね、そういうことをお母さんたちに語ってくれって言われても、何話していいかわかんないんですよ。

浅野　そうだよねえ、お母さん教育しろって言われても困っちゃうよね。

日浦　そうそうそう、ことば一つ一つがすごい緊張した。お母さんたち座ってるんです。みんな硬いんです。「障害児を持たないあなたに何がわかるの」って顔でこっち向いてるでしょ。それで、私はよそから人を呼んでこようと思って、大学から障害児教育の先生をお呼びしたんです。そしたらその先生がね、「日浦さん、ここは私たちと同じ世界ですか?、それとも違う世界ですか?」って言われたんです。私、堂々と「違う世界です」って言ってんですよ、その時。それが、私がある時一人の先生と話しててね、二人でワッと笑ったんですよ。そしたら横にいた重症心身障害のフサエさんが、私たちの顔見て「ケラケラケラー」って笑ったの、声出して。で、「あれ」って思って、「おかしい?」ってフサエさんに言ったら、また笑うの。それで、「なんだよ〜」って。

浅野　「同じじゃねぇかー」って。

日浦　「同じじゃないか」って、そこからです。だから、フサエさんはもう恩人です。だからもう、元に戻れなくなっちゃった。「いっしょじゃ〜ん」と思ったら、全然力抜けちゃったんです。それでもう、あとはひたすらかわいかった。

浅野　それは事実から現物からね。理屈じゃない。一緒にいて、経験して。

日浦　二年目の夏休み明けに、一人のお母さんが、夏休みに娘を車に乗せて運転してとにかくダーって走って、気がついたら海のとこいたんだって。それで、「ここでアクセル踏んだら楽になるなって思った」って彼女言ったんですね。そこで、「みんなの顔がその時浮かんできた。もしそんなことやったら弱虫って言われるだろうなと思って、帰って来たよ！」って言ったんですよ。で、ちょっとシーンとなって、そしたらポツンと誰かが、「海はやめなさいよ、あれは水ぶくれになるよ」、って言ったんです。そしたら、「ガスはあれ爆発するよ」、「車の排気ガスはあれ鼻の穴真っ黒けになるんだってよ」、「雪山はあれは捜索大変なんだよ」って、次々出たんです。私、「あー、みんな考えたんだ」って思って。そしたら本間さんが、「いい死に方ってないじゃん。生きようよみんな」って言ったんですよ。そうだよねって。その時、障害児教育の意義とか意味とかどうでもいいじゃんって思ったの。この子がいたからこれだけの人生しか送れないじゃなくて、この子がいたからこれだけの人生が送れた。そういう人生を、みんなで作っていけばいいんだよって。それからですね、「障害は治らない」なんて平気で言えるようになったのは。

浅野　めずらしいですよね。まず障害児なり障害者に直接関わるんだけど、親にべったりですよね。母親学級といったって教育するんでなくて、サロンみたいなもんですね。

日浦　あの時、初めてみんなが母親学級で仲間になったんです。子どもたちも仲間と出会った、親も仲間に出会った。それと、小さいけども子どもたちも社会に出たんです。お母さんたちも社会に出てきたんです。そこがすべての出発点だったと思います。だから、これが卒業ってなった時に誰かが、「これは恐怖だ」ってことを言ったんです。でも私はね、「この教育はなんだったの」と言ったの。教育っていうのは、いつか人間は一人で生きていく、そのための力をつけるのが教育ではなかったのかって。例えば、親以外からは絶対に口を開けない人が、先生たちからも食べられるようになった。良いよ、悪いよっていうのをニコって笑ったり、体突っ張ったりして教えてくれる。これって、一人で生きる力ですよね。そういう力をどこで活かすんだろうかって。それで、集まる場所を作ろうよって。横浜市に「朋」を作ってくれって言う時の私の口説きは、「なんのための教育だったんですか」ってことでしたね。

浅野 なるほどね。私の一番最初の重症心身障害児との出会いは、多摩にあった島田療育園なんですね。まだ二十二歳、厚生省に入ったばっかりの時に、研修に行った一つがそこだったんですね。それでそこでボンっと見たんです、重症心身障害って方を、生まれて初めてですもちろん。見ただけで気持ち悪いし、なんなんだろーって、で私は、「この子たちはいったい何のために生きてるんだろうか」、という疑問を持ったんですね。その時指導員の彼女が言ったのが、「あなた方、この子たち何もできないと思ってるでしょ、だけど昨日できなかったことが今日できるようになるんですよ。それで、今日できないことを明日できるようにするのが、私たちの仕事なんですよ」って話を聞いたんですよ。それで私は、ピーン！ときたと言いたいところなんだけど。ただね、さっきの自分の中に生まれた疑問、「何のために生きてるんだろう」の答えのヒントが、そこにあるような気がしたんです。それが、「進歩」なんですよね。つまりね、人間が生きるということが進歩。生きる喜びというのは何か、自分が進歩したっってことを感じるってこと。これは重い障害をもっている人も同じだって。私の原点なんですね。それは障害者、障害児、全部に伝わる。だから今日浦さんの話を聞いて、今まで哺乳瓶だったのが食べれるようになった、進歩ですよね。進歩があったから、断絶されるっていうのが恐怖なんですよね。

日浦　本間さんというお母さんの娘さんが筋ジストロフィーだったんですが、ほんとにお嬢さんで、髪が長くていつもオシャレして来てね。私が初めて本間さんに家庭訪問した時に、中学生のお兄ちゃんがいて、本間さんは、「先生、中村なんかやめてうちの息子の家庭教師やんなよ、そのほうがいいよ」って言ったの。そういう頭の中だったわけね彼女。それが、学級の食事指導でかっぱえびせんが出てたんですけど、本間さんの娘のユウコさんは、かっぱえびせんに絶対手出さなかったの。そしたらある時、廊下を先生たちがバタバタ、バタバタ、「カメラ、カメラ」って言って走ってるんですよ。それで、「ユウコさんが、かっぱえびせんに手出したのよー」って言ってるわけ。

浅野　それはニュースなんだ、事件なんだ。

日浦 だって筋ジストロフィーなので、かっぱえびせんは見ないけど、指をゆっくりゆっくり動かした。かっぱえびせんに手を出す娘をじーっと見てた本間さんがね、「私は悪い母だったね」って、「ユウコが何かができるってことで、こんなに喜んだことは一度もない、私は悪い母だった」って。それからですよ、彼女が大変身したの。だからもう家庭教師になれなんて言わなくなったよ。それから私と本間さんの二人三脚が始まったの。

浅野 なるほどねー。障害児を中心にして、そこから本間さんも学ぶし、日浦さんも学んだし。

日浦 ほんとにそういう現場を、いっぱい彼女たちは見せてくれた。

浅野 そういうしかも結束のある母親、日浦さん、子どもを中心として、それが中学でずーっときて、それで卒業と。今の話聞けばなおのこと卒業で「じゃ、さよなら」ってわけにいかないな、これ。

日浦 いかない。いかない。だから、一番長い人は四十四年一緒よ。

浅野 まだ、進歩してるんだね。

地域

「朋」は文化施設

浅野　「朋」ができるまでも、いろいろなことがあったと思いますが。

日浦　まず、訪問の家という作業所を作って、中村小学校の第一回の卒業生の本間さん親子はそっちへ行き、作業所のリーダーになって、私は中村小学校に残ってました。学校と作業所でバザーとかを一緒にやりました。いつかお金がいるだろうと。全部行政にお願いするのは嫌だと、ここまではやりましたってものを持っていようと言ってね。金、金で、訪問の家は、拷問の家かって言われてたんだけど、でもそれで楽しかったですけどね。

浅野 目標は具体的にあったんですか？

日浦 やってるうちに、ボランティアさんや親だけでめんどう見るのは、ちょっときびしいよねって人が卒業生で出る時に、私が学校を辞めました。それで、ちゃんとこの作業所からやろう、また違う形を考えようって、「朋」というちっちゃな作業所を作ったんです。その時に、横浜市で初めてできた肢体不自由児の養護学校に、中村小学校の訪問学級から何人か元気な人が行ってたんだけど、その卒業生の進路もないんで、その子どもたちも来て。そこにタケシくんていう男の子がいたんだけど、「今日はこれでおしまい」って言うと歓声をあげるわけ。彼にしてみれば、「大きな学校からなんで僕は六畳の部屋にいなきゃいけないの」、だったんだと思う。出たいって言ってふすま蹴飛ばすんです。私、「何やってるんだろう。これはもう、ここに集まりましたって自己満足で、おかしいよこれ」って思ったの。それから、ほとんどもう毎日のように市役所に行った。

浅野 もうこんな狭いとこではダメだと、もっと広々としてゆったりとできるようなところを、自分たちの城だ。

日浦　そうです。それと、教育が生きる場所じゃないと意味がないと。それともうひとつは、重い障害の人だから「これはいらないとか、これはダメ」っていうのは、こっち側の想像力なんですよね。本人たちが言ってるわけじゃないの。だからみんなと同じチャンスくださいって、それで無理だったらもうしょうがないよね。でも、チャンスを与えないであなたたちは無理って言う、それはおかしいんじゃないかって。この時にね、またすごい人と出会ったわけ、横浜市の障害福祉部長の梶田さん。私が朝早く市役所行くと、もう新聞読んでるのね、私が入口のとこ来るじゃないですか、そうすると読んでる新聞で顔を隠すの。

浅野　「また来たか」って、うるさいのがね。

日浦　そう、でも私は入って行って、新聞を下げて「おはようございます部長〜」って。今日はこういう話をしよう、ああいう話をしようって本間さんと二人で行くんです。そしたら何回目かに、「あんたが言うのも一理ある、考えてみるよ」って言ってくれたんです。あれが違う人だったら、「制度がない、これはしょうがない」って言ってたと思う。それからもうひとつ言ったの、「ところで日浦さん、これやったら日本初かね?」って。これ行政マンとして面白いですよね。神奈川県もやってなきゃどこもやってないんだから。「わかった、じゃ法人格をとれ」って。

浅野 普通は社会福祉法人の申請をする時には、まず何をやるか、土地がいるじゃないですか。

日浦 土地は横浜市が出した。

浅野 じゃ、横浜市で考えてくれて、新しい新興住宅地の栄区の桂台。

日浦 そう、その前は高架下って言われてたの。「悪いけど、自分で歩けないから日の当たらないのは嫌だ」って言って、すぐ却下にしてもらったの。ここはどうかって連れて行ってもらったのが、桂台だった。富士山がバッチリ見えたんですよその日。私、「なんかもうすごいやー」って思って、絶対みんなをここに連れてきたいと思ったんです。でも、桂台は高級住宅街なんですよ。だから、自治会長から最初に申入書が市長さんに出た時には、「こういう横浜の田園調布を目指している街に障害者施設はいかがなものか」って出てるんですね。その時に、文化的な施設ならいいってことだったんですよ。
浅野　文化施設っていうのは、こんな障害者施設じゃなくて、なんとかホールとか美術館とか、文化会館とか。
日浦　そう。それが新聞に出た。それで、地元説明会をやらなきゃいけないってことで集会があったんです。説明会には三百人近く集まって、みんな、「こういうものを作るのには反対しないんだけど、ここじゃなくてもいいんじゃないんですか」って。
浅野　賛否半々位の感じだったの？
日浦　反対の方が多かったですね。その時に男の人が質問したんです。「もし施設ができたら、散歩に出ますか、出ませんか」って。私、どっち言ったらいいんだろうって。私の席の両隣に横浜市の課長と係長がいて、こっちは、「言うな」って、こっちは「言え」って。出ませんて言ったほうが得だと思うんですよ。でも私は、「出たいと思います」と言いました。そしたら、「どんどん出て来てください、お友達になりましょう」って一人の若い女の方が大声で言われたの。その時にもう一人、「なんで保育園の福祉施設を反対しなくて、こういう施設だと反対するんですか、同じ福祉施設ですよ」って言った人がいるんです。これプロだなと思ったのが、明治学院大学教授の秋山先生。そこで先生と私は出会ったの。

浅野 僕は、「朋」は地域と共にあるって思ってました。だけどその出発点においては、地域が敵みたいなことがあったんだね。そういう経過もあったからこそ、地域とうまくなじんでいって、大変だったけど、必要な経過でしたね。

日浦 そう、私は、反対があってよかったと思う。新聞に出たらすぐね、街の人から私のところに電話がかかってきたんです。「もうちょっと詳しく話を聞きたいから来てくれ」って。その時、行政のほうからは、「今ちょっと動いてくれるな」って言われてたんです。だけど、やっぱり一生懸命やりたいと思う人間が語るのが一番いいんだろうと思ったから、私行きましたよ。それこそ恐かったですね。ガンガンやられるんじゃないかと思って。二つグループがあって、学校の先生たちが集まってくれたグループは、応援してくれるってみなさん大丈夫だったんです。もう一つは、いったいどんな人たちなんだろうって、作業所に見に来てくれた人たちがいるんです。その作業所に来てくれた人の一人が、その近くの小学校のPTAの会長で、私に学校に来てちょっと話をしてくれって言われて行ったりしました。それで秋山先生が中心になって、「いったいこういう障害の人ってどういう人たちなのか」という勉強会を開いたんです。お母さんたちにも話をしてもらったりして、その勉強会でお母さんたちに、初めて地域の人の仲間ができたんです。

浅野　すごいね。桂台って地域はすごいところなんだよね。非常に質の高い、意識が高いと言うのかな。施設ができますが、職員はどうやって集めたんですか？

日浦　最初は利用者が三十人なんです。そこに二十人の職員。作業所の時にいた職員もいるでしょ。

浅野　そうすると、顔見知りっていうか、ある程度もともと経験のある人で？

日浦　いや、三分の一ですね。施設体験者は。一人が入所施設に勤めてたくらいであとはみんなフレッシュマン。

浅野　残りの三分の二は、障害児のこと全然知らない人。応募してくるほうもわからないじゃないですか、どういう施設なのか。

日浦　私に電話かけてきた人で、「こんなに一生懸命施設の話をする人聞いたことない、見も知らない人によくここまで説明する」って言って、だから来たっていうのが二人いたかな。

浅野　日浦さんの応対でね。これはすごいと思ったんでしょうね。

日浦　この前もその頃の職員の写真見たんだけど、そのうちの半分くらいはまだいますからね。

浅野　すごいねー、三十年でしょ？

日浦　今は、みんなそれぞれリーダーになってるからね、うちの宝ですね。だから、私が楽しかったことのひとつは職員でしたね。「こういうことを言うようになったか」とかね。私、何かあると「施設長室にいらっしゃい」って言ったんだって、そうするとみんな「ヒエー」って思うんだけど、逆にうれしくて来たところもあって、滅茶苦茶やりましたよ若者たちは。とにかく楽しみ、遊んでました。

浅野　大変だったと思うんですけど。困ったとか、問題とかありました？

日浦　人手としては、事務がいて、いろいろいるんですが、現場が少ないわけ。そこで、ボランティアさんていうのを考えたんだけど、最初からっていうのはちょっと恐かったんですよ。学習会からグループができてて、ボランティアに入りたい、みんなで協力するよーっていう方たちが、二十〜三十人位いらっしゃった。

浅野　「わかくさの会」ね、あれはボランティアの会ですよね。

日浦　二カ月たってだったかな。「わかくさの会」のみんなは、ボランティアに入りたい。でも、こっちには若者の新人たちが半分いるわけでしょ。食事するにしても、おむつ替えるにしても、子育てをすました人たちが入るのはどうなのかねって。ボランティアで入る時に「わかくさの会」の人たちに私が言ったのは、「何か気になることがあったら、職員に言わないで私に言ってきてください」。それから職員たちには、「ボランティアさんたちが入ってくるけど、メンバーのみんなが楽しそうにここに通ってくれれば、あんたたちがやってることは間違ってないの。だからみんなの顔を見てなさい」って言ったのよ。それと、ボランティアさんに介助と掃除など、ここが足りないなっていうところだけ入ってもらったの。それと、送迎が一番困ったんですよ。一時間位かかるとんでもない場所から来るんですよ。送迎のことは作業所の時から気になってて、後に「わかくさの会」の主要メンバーになる人たちが作業所に見学に来てくれた時に、「何が一番困ってるんだ」って聞かれたから、「送迎です」って言ったら、「それ、私たちがやるから大丈夫だよ、見つけるよ」って言ってくれたんですよね。それで送迎グループができたっていうのも奇跡ですね。

浅野 送迎の車は？　最初は台数だって、どの位から始まりました？

日浦 大きいワゴン車を二、三台、あと、ボランティアが動いたんです自家用車で。だから、ボランティアさんのトップやってた人がね、「私のボランティア活動は、朋から始まった」って、その方、後に高齢者のほうですごい活動しました。あの時やりだした人たちで職員になった人もいる。送迎のNPOを作った人もいましたね。いろいろな人が、どうやったらここがちゃんとできていくかっていうのを考えてくれたんですよ。あの時のボランティアさんの意識が高かったんです。すごいグループでしたね。

浅野 そうですね。「朋」の活動って地域との関係、ふれあい運動会、空き缶集めに行ってる、あと小中学校の交流。

日浦　小学校では、一緒のカリキュラムでやってたの。初めは、二年目に七夕祭りで呼んでくれたのよ。その時、タカノリくんっていう声が出る人がいたんですよ、「おーおー」って。だから、「あなたあいさつしてみる?」って言ったら、「マイク持ったらあーって声出す」って言うんで、職員が、「今日はお招きありがとうございます。いつでも遊びに来てくださ い」ってあいさつして、彼は、それを「あーあー」って声で言ったわけ。そしたら次の日に学校の先生から私に手紙が来たんですよ。「こういうのは、大人のやらせのような交流会のような気がしてたけど、私は間違ってました。こうやって一生懸命生きること、可能性に挑戦することと、それを彼はあーあーってことばで、子どもたちに私たちが伝えられないそれを伝えてくれた。これからどんどん朋に行かせますから、いっぱい教えてやってください」って。それからですよね、どんどん小学生が来るようになったのは。小学校の先生たちが、一年に一回一緒にお茶飲みましょうっていうの提案してくれて、私たちが小学校に行く、今度は向こうがこっちに来る。

浅野　僕が「朋」に何回目かの見学に行った時に、雨の日だったんだけど、小学校五年生が二人来てた。朋の人が、「遊びに来てるんだ。いろいろなことやるから、ボランティアみたいなもんだ。雨じゃなければもっともっといっぱい来るんだけど」と言ってた。話を聞いて、「あっ、本人たちがどんな形でも関われるんだ」って。だから朋は、ボランティアがどうのこうのっていうよりも、地域の中のひとつの存在であって、地域のいろいろな人が入ってきたり、こっちからも出ていく。そういうような存在になってるっていうのが、すごいなと。

日浦　地域の人にどんどん出て来てくださいって言われたでしょ、やっぱりね、ジョイント役なんですよ職員は。地域の人は、職員が黙って散歩してたらそれでいいと思うわけ。出かける時も、よく障害の人の施設の職員って意外と汚れてもいいような服装だけど、地域に出るんだからそれはだめだって。エチケットだからね。洋服ってのは相手に対するエチケットだからって。だから服装はみんなきちっとしてますね。そうやって地域の中に出て行って、「こんにちはー、こんにちはー」って言って。立ち止まって、「お花好きなんですよー」って言うとお花が届いたり。なんかもう当たり前になってますね、みんながいるの。公園で夏祭りなんかいーっぱいなんですよ、車いすやストレッチャーが。そしたら自治会長さんが、「ねー日浦さん、これがうちの街の夏祭りなんだよ」って言ってくださるんですよね、うれしいですよ。

浅野　日浦さんもいろいろな賞もらってるんだけど、もちろん福祉関係の賞もらってるんだけど、とてもうれしかったのは、「横浜市文化賞」。その時自治会長さんの初めの話が頭にあって、「障害者施設は文化施設じゃない」っていう。朋はほんとの意味で文化施設になりましたね。

日浦　文化賞ね〜。うちの職員のみんなが喜んでね〜。あの時あんなにみんなが文化施設って言ってたじゃないですか、だから「日浦さんやったねー」って言ってくれたんですよ。あれは一番大きかったんじゃないかなー。喜んだ、みんなが。

浅野　それと区長さんが、「朋は栄区の誇り」って言ったじゃないですか、それも同じようなもんですね。単なる福祉施設じゃなくて、栄区としての誇りってことだよね、文化施設も全部含めての話ですよね。

日浦　私、施設っていうのはね、玄関が大事だと思う。入りにくいところですよ、やっぱり。だから「朋」は、何とか施設って書いてないんです。「朋」としか書いてないです。なんか、「ここ行ったらいい時間持てるよ」っていうところならいいなと思ったから、「朋」しか書いてないのね。で、面白かったのが、もうずっとボランティアで入ってたおばあちゃんなんだけど、だんだん認知症になられて。「朋」に来たんだけど、「何かもういや、帰る」って言われて止められないから、私が途中まで送っていったの。そしたら門のところで、「あなたさー、ここに来たことある？」って言うの、私ここにいるんだけどって思ったけど、「はい、ここ来たことありますよ」って言ったら、「また来なさい、ここ、いいとこだから！」って言ったのよ。あれはすっごいうれしかった。こういうおばあちゃんが言ってくれるって、いいところだからって、「あっ、答えもらったなー」って気がしてね。

障害福祉

国づくり

浅野　僕がね、よく障害福祉の仕事にのめり込んでやってるっていう話をする時には、「障害福祉っていうのは、あわれでかわいそうな障害者に、何かいいことやってあげるってことじゃないんだよ。障害福祉の仕事っていうのは、社会を変えるんだよ」って言ってるんだけど。この仕事は、単なる障害者だけを見て、障害者を幸せにするってだけの仕事じゃなくて、障害者と一緒になって地域の元気になる。地域、社会、その集合体が国だから、住みよい国にするためにはね、それは、地域で障害者が作っていくようなもんだってことを、障害福祉課長やって早い時期に感じたの。私のやってる仕事は、障害福祉の仕事といいながら、国づくりの仕事だから、これは男子一生の仕事としてやるに値すると。今の朋が、地域の人たちとやってるっていうのは、それなんですね。

日浦　私はね、できることがいいことだと進んできた。この社会の価値観を変えていくんだって、だから社会を変える、地域を変えるって。そしたらね、浅野さんの本に「国づくり」ってことばが出てきたんですよ。同じこと言ってるよと思ってすごくうれしかったのね。それに尽きると思う。だから障害者が、この世の中に生まれた命、なんの役にも立たない命はひとつもない、みんな大きな働きをしてるっていうのはそこなんですよ。私、職員に言うのね、「これはね、あなたにとっての一生の仕事。それくらい十分に価値のある仕事」って。職員みんなそう思ってるみたい。

浅野　最初の出発点は目の前にいる事実の重みで、こんな子どもたちがいるって。

日浦　みんな同じ人なんだってことをフサエさんに教えられてからは、やっぱり誰だってこの世の中に生きたっていうね、みんな価値はあるんですよ。その場面を彼らは作れないので、場面を作るのは私たちの役割だよって、そこで彼らは見事に大きな役をやってくれるよって。

浅野　私もね、日浦さんと会ったのは障害福祉課長になってすぐの時ですからね。それでそれこそ日本で初めてのモデル事業ができたっていうのは、私にとってあの時期に日浦さんと知り合って、教えられたことはたくさんありますね。

日浦　それと、あの時入所施設に通所を作ったじゃないですか、そこから出発したじゃないですか、浅野さんが生んでくだすった。入所施設に通所施設っていうのを付けて、制度を作った。そこからさらに進んで、今度は他の事業所にも重症心身障害の人が入れるっていう道ができて、それで「朋」みたいなっていうのがいろんなところにできてきたんですね。だから今、初めてそこから重症心身障害者が地域に出て、地域のみんなと一緒に生き始めた。その制度の出発点を作ってくださったんです。「いるね」って言われたのがすっごく大きかった。だから私たちは事実を積み重ねていくんですよ。それを行政がちゃんと必要だねって認めてくれる。これが二人三脚だと思うんです。事実を見せていくっていうこと、これだけできるよ、こういうことが必要だよって。それが根っこでは、ある意味では、国を動かしているってことになるしね。

浅野　この政策ができたのも結果的にタッグマッチでね、協力しあって、私も事実を見に行って示唆をもらって、制度化することによってこれがまた広がっていく。障害福祉の世界、行政は頭だけで考えてるわけだけど、実際にやるっていう人がいて、しかもそういう中で、結構前向きな人が少数だけどいるわけですよ。そういう世界で面白いなーと思いましたね。その最初が日浦さんです。日浦さんみたいな人がいて、「朋」っていう場所があるって、誰の言っていることを信じていいかわからないけど何かやりたいっていう人を、実現してくれる場所なのかな、「朋」は。

重症心身障害のある子どもたちが導いた人生

浅野 史郎

日浦美智江さんと私との出会いは、お互いにとって驚きで一杯のものだった。日浦さんは「えーっ、厚生省の役人にこんなに話の分かる人がいるんだ！」と驚き、私は「何もできない重症心身障害の人が毎日通ってきて、いろんな活動をしてるんだ！」と驚いた。驚くと同時に、お互いの立場を認め合った瞬間であった。それを契機に、「朋」は自信を持って事業を進める拠点となり、平成元年度予算で全国五カ所の重症心身障害者通園モデル事業が始まった。その後、「朋」のような重症心身障害者が通ってくる施設は全国三百カ所以上に増えた。

日浦さんはどういう経緯で「朋」を始めたのか、今回の対談で納得ができた。社会事業学校研究科に入学したところから始まり、中村小学校の訪問学級に関わるソーシャルワーカーとなり母親学級を担当するまでに至る。卒業後行き場のない障害児が集まる場所を確保し、さらにもっと大きな場所として「朋」を設立する。その流れの中で、学び、考え、悩み、怒り、そして仲間を募り目的地に辿り着いた。日浦さんをそこまで導いたのは重い障害を持った子どもたちであった。

相模原の「津久井やまゆり園」で重度障害者殺傷事件を起こした犯人が「朋」で働いた経験があったとしたら、彼はあんな事件を起こすことはなかっただろう。しゃべれない、動けない重症心身障害の人たちが、毎日通ってきて、いろいろな活動をしながら、生きていることを精一杯楽しんでいる、そんな姿に毎日接していたら「重度障害者は生きていても意味がない」などといった考えなど、彼の中に芽生えるはずがない。

中村小学校でソーシャルワーカーを務めて以来だから、日浦さんは四〇年以上にわたり、重症心身障害の子どもたちと真剣に関わってきた。子どもたちが成長し、進歩していく姿を目撃し、そのたびに深い感動とともに、この子どもたちが生きていくことの素晴らしさを実感する。対談でもいくつか紹介されていた感動的なエピソード。目の前にある事実の重みを糧にして、日浦さんの活動はどんどん広がっていった。

その経過の中で、母親たちが変わった。「この子がいたからこれだけの人生が送れた、そういう人生をみんなで作っていけばいい」ということをお母さんが言えるようになった。「朋」ができる時に力になってくれた横浜市役所の人たち、桂台の人たちが集まって自然発生的にできた勉強会、それを契機に「朋」にやってきた三〇人ものボランティア、優秀で熱心な職員。こういった人材が「朋」の発足時に揃っていたのは奇跡である。その奇跡を起こしたのも、日浦さんが愛し慈しんだ重症心身障害の子どもたちである。

対談を終えて思うのは「日浦さんはとても素敵な人生を送っている」ということ。その過程で、私も一緒に歩んだ時期があったことは、私にとっても幸運なことだった。

2 田島良昭

一九四五年　長崎県島原市に生まれる
一九六九年　法政大学法学部を卒業
一九七七年　「社会福祉法人　南高愛隣会」設立
一九七八年　知的障害者授産施設・雲仙愛隣牧場開設
一九八一年、知的障害者更生施設・コロニー雲仙更生寮開設
一九八六年、第三セクター職業訓練法人・長崎能力開発センター開設
一九八七年　浅野史郎と出会う
一九九六年　宮城県福祉事業団副理事長に就任
一九九九年、宮城県福祉事業団理事長に就任
二〇〇五年　新・宮城県社会福祉協議会常勤副会長就任
二〇〇六年　厚生労働科学研究「罪を犯した障がい者の地域生活支援に関する研究」研究代表者を務める
二〇〇九年　「社会福祉法人　南高愛隣会」全ての事業所を障害者自立支援法に移行
二〇一一年　最高検察庁検察運営参与会、知的障がい専門委員会参与就任
二〇一三年　「社会福祉法人　南高愛隣会」理事長を退任　顧問・理事就任

出会い

奇跡的な

浅野　田島さんとの出会いは、いろいろなところで僕も言ってますけど、奇跡っていうか、すごい出会いでしたよね。
田島　私は、史郎さんと出会う十年くらい前から、福祉の仕事をしていました。働く場面をどういう具合に展開しようかっていう時に、知的障害の人たちの働く場を用意しようということが出てきて、やっとそれが実って福祉工場が制度化されたんですけど、その第二号を雲仙でやろうということに。そんな時、「南高愛隣会」のいろいろなよくない噂が厚生省には入ったみたいなんですね。福祉工場の補助金の審査で、厚生省としてはそういう噂があるところにやっていいのかと問題にされたそうです。ふつうはだいたい六月頃に補助金交付の内示がされるんですけど、七月、八月とずれていって、我々は、「じゃあもうやめよう」と言ってる時に、突然十月に県から補助金交付が決まったと知らされて、「補助金をいただくんであれば、厚生省に行ってお礼をちゃんと言ってくださいよ」って言われたんです。三月末まで福祉工場を完成させないといけないのに、その補助金交付を十月の初め位に内示されて、それから設計に入ったりうんぬんってなれば、なかなか建設が難しくなる。それでお礼を言えと言われても不満はあったんです。それでもたしか十月八日だったと思うんですけど、厚生省に行きました。

浅野　十月の八日ね、僕は九月二八日に障害福祉課長になったんですよ。なってほんの一週間かその位の時ですよ。僕はその頃、北海道時代に知り合った仲間に、「今度は国の障害福祉課長になったんだから、全国レベルで活躍してる人にちょっと話を聞きに行きたい、推薦する人の名前教えてくれ」っていろいろ聞いてたのね。そしたら、「長崎に田島良昭ってのがいるよ」と。「あ、そうか田島良昭っていうのか」って言って電話切ったんだよね。そしたら隣になんかちょっと怒った感じのおじさんがいて、その人が、「田島良昭です」って名乗った。

田島 そうです、そうです。

浅野 びっくりしたよ。怒ってるとは知らないよ。「田島良昭」って聞いたばっかりだから、その何秒後かに本人がここにいたんだからね。「あ、今お名前聞いたばっかりだよ、ここに座って」って言って課長席の横のソファに座ってもらった。

田島 課長のところに行く前に、中澤専門官のところに行って、「いやあ、お礼を言えって言われたもんですから来たんですけど、交付決定がなんでこんな遅れたんですか」って言ったら、中澤さんが、「それ課長に言いなさいよ、課長代わったから」って言うんですね。

浅野 何でそんなにしょっちゅう課長が代わるんだって、また怒ったんだ。

田島 課長席に行ったら、課長が電話を置いてそのあとガラス窓からじーっと外を見てました。「声かけていいかなどうかな」と迷ってたら、中澤専門官が、「課長、ちょっとよろしいですか」って声をかけたんです。課長が振り返って顔が見えた。結構若くてかわいらしく見えたの。頭はいいだろうけど、よく意味のわからない課長がまた来たなと思った。我々の現場のいろいろな思いがわかる課長って、それまで会わなかったからね。

浅野　僕は、グループホームっていうのを考えてたから、「田島さんとこでやってるあれはどうなってるんだ」みたいなことをバーッと質問したんだ。

田島　あなたもワーっと言ったけど、私は、これだけは言うとかないかんと思って、思い定めて来たわけですから。お礼を言えって言われて来たけれど、「こういういい加減なことやるのはいけないんじゃないですか」って、抗議したんですよ。

浅野　覚えてないです、そこは。

田島　あなた何て言ったと思います？「ここをどこだと思ってる」って聞いたんです。だから、「厚生省でしょ」って。そしたら、「厚生省は役所だよ」って、「役所の仕事ってそんなものが多いんだよ」って、「そういうつまらんことで怒ってる暇があったら、もっと障害者のこと一生懸命考えなさいよ」って「ところで、グループホームやろうよ」ってあなたが言ったんです。

浅野 それは覚えてるよ。ますます頭来たねそこでね。

田島 「何を言ってるんだコノヤロー」ってほんとは思ったんですよ。とは思ったんですけど、その時にあなたはね、質問をどんどん書き出したんですよ。

浅野 僕が厚生省の障害福祉課長になったその日から、グループホームをやるってことを考えてメモ書いてたんだよね。

田島 それで、もう矢継ぎ早に聞かれたんですよ。あとはずっとあなたのペース。で、その質問に一生懸命答える。質問を受けた時にすごく思ったのが、この人はよく知ってるということです。何が大切かっていうのを知ってるなと。つまり、現場を知ってるんだなと思ったんです。で、帰りにそのメモを渡されて、「返事ちょうだいね」って言ったんです。

浅野 それはね、グループホームに関しては、北海道での経験があったからですね。電話で田島良昭っていうのがいると言われて本人が来たわけだから、いい人が来たと。こっちから教えを乞いに行こうと思ったら、来てくれたんだもの。

原点

本人たちの幸せ

浅野 施設やろうって人はたくさんいるわけですよ、でも田島さんのやってることは最初から全然違う。何がその差なのか。田島さんには、昔の経験なりが絶対あるはずだと思ってるんだけど。

田島 小学校五年生の時に、「しいのみ学園」の映画が学校に来たんですよ。その映写会が終わったあとに、すごく感動して、自分もああいう仕事をしたいと。そういうのをできるので一番えらいのは誰かと、その映写会の映写技師の人に聞いたんです。そうしたらその人が言ったのは、「厚生大臣じゃろ」って。厚生大臣になると、福祉のそういう人たちを守る仕事ができるって。当時は自分が、いじめられっ子になってた頃なんです。いじめっ子からいじめられっ子に劇的に政権交代されて。それまで部下たちを率いてやってたんですけど、誰も一人も遊んでくれる者がいなくなって。いじめられるじゃないですか障害もった人たちが、いじめられてるのが自分がまったく同じようで。身内にも障害をもっている人がいて、そういう人たちを守ろうっていうような思いは、その時からあったんです。

浅野　それも運命だね。

田島　それで家に帰って、「こうせい大臣になるぞ！」って書いて。

浅野　だけどその決意が成人になるまで続くというのは、珍しい。ふつうなかなか続かないもんだけどね。

田島　そうですね。二十九歳まで。

浅野　二十九歳まで続いたの。それはでも、厚生大臣になるのが目的じゃなくて、それは手段で、障害をもった人たちを助けるんだってことがあったんですね。二十九歳で何でそれが変わったんですか？

田島　一九七〇年に議員立法で、「心身障害者対策基本法」が施行されました。その前から、モデル事業としていろいろな施設ができていた。一九六六年に設立された高崎の国立コロニーのぞみの園とか、宮城県立の船形コロニーなど、公立の大規模施設が各地にできていました。その頃私は、「障害者のための施設を作れば、障害者を守れる」と思い込んでいたんです。当時、私は議員秘書をしていたもんですから、あちこち走り回って資料を集めたりして、大蔵省にも働きかけました。それもあって、一九七一年に厚生省は、「社会福祉施設整備緊急五カ年計画」を策定しました。いろいろな施設をどんどん作っていったんです。その時に中心になったのが、大型の入所施設だったんです。

浅野　大型であり、また重度の障害者っていう触れ込みでね。

田島　障害をもつ人たちは、一般社会の中で生きていけないので、施設を作ってそこでしっかり守りましょうということなんですね。そうすることによって、障害をもつ人たちが幸せになるって、まさに「しいのみ学園」の世界なんです。それを信じて一生懸命燃えに燃えて資料を集めて、ワーワー言いながら勉強会なんかして。

浅野 そして、「いいものができるだろう」と信じていたんですね。

田島 信じたんです。ほんとにすごいと思ってたんです。それからのことですが、できあがった施設がどうなったのか、実際に検証に歩いてみました。十カ所以上。最後は、宮崎県の向陽の里っていうところで、十三カ所目だったですかね。この施設を見学したあと、向陽の里の坂道を下っていく時に、「これは、だめだ」って思ったんです。すごくショック受けた。一番大きなショックは、施設に入ってる人たちに、「ここに入って幸せですか?」って聞いたんですよ。そしたら、幸せだって言う人が一人もいない。十三カ所全部同じです。それから、「何をしたい、何が一番希望ですか?」って聞いたら、「早くおうちに帰りたい」と。「母ちゃんに会いたい、ばあちゃんに会いたい」と。

浅野 それはけっこうなショックだね。

田島 すごくですね。どこ行っても、すばらしい建物に若い職員がいきいきと働いてるんですね。ところが、入ってる人たちはみんなしょんぼりして、あっちに固まってこっちにゴロゴロ。時々首を上げるくらいで、ほとんど反応がない。

浅野　入所者に聞くまでもなく、幸せとは思えないね。
田島　それじゃあ、この心身障害者基本法を作って、いったい誰が幸せなのかって。法律作る時に、いろんな人たちに聞いたんですよ。学者さんとか活動家の人たちとか、議員たちが一緒に聞いたんですよ。そして作ったはずじゃないですか。なのに、そこで生活してる人が幸せじゃない。それが、二十九歳でした。
浅野　それが原点だ。
田島　はい。向陽の里の坂を下ってくる時に、あー、もうだめだと、政治がどうのこうのと言ってみても、現場でそういう人の思いをしっかり聞いてやらないとだめだと。
浅野　なるほど、現場だ。障害もった本人がいるんだ、職員じゃなくて。僕もね、障害福祉課長の仕事ってなんだろうと思ったら、それは障害者が幸せになるためにやる仕事だって。そうしたら、障害者の幸せっていうのは何かって知らないと仕事できないでしょって言って、そこから僕はアプローチしていって。理屈っぽくだよね。でも辿り着いたのは同じです。そういうふうに思い始めた頃に、北海道の福祉課長の頃ですが、施設作ってください って陳情がいっぱい来て、補助金もらいに国に行ってくださいって訴えるんです。その時、「これが俺の仕事か、いや違う」と思ったの。田島さんとは違うアプローチだけど、結論は似てたんですね。

田島　ちょうどその頃に、結婚して息子が生まれたんです。私も父親をものすごく批判しながら育ってきた人間ですから、あんな偉い先生の息子とは思えんとか言われて育ったもんですから。だけど片一方で、うちのおやじは偉いってどっかで思ってたんです。やっぱり親の背中を見ながら生きてたんだと思うんです。息子が大人になった時に、父親のことをどう思うだろうかなって。もし、今のように政治を目指して、三十代で県会議員、四十代で国会議員、まあ五十代で厚生大臣と自分が生きていったとしても、足跡を残せないんじゃないかと、結局まぼろしじゃないかと。

浅野　政治というものの、ある意味の限界ってことですかね。

田島　そうですね。まんべんなく社会全体を照らすという意味では、政治は太陽だと思うんです。だけど、そこが照らされたことによって一人ひとりが幸せになる、それは障害福祉の世界では無理だって思いましたね。

浅野　そこからどうやって転身したんですか？

田島　その人たちの願いや思い、施設にいたくないって気持ちだけはわかりました。だけど、じゃあどうするんですかというのは、もうわからなかったですね。結局仕事やめてどうするか考えてて、食えないから女房が働きに行って。半年くらい寝っ転がって天井見てましたね。それで、ふと、じゃあ自分で施設を作ろうって思ったんです。十五歳の時、日米通商百周年祭の派遣団でアメリカに行ったその時に、いろいろ体験したのを思い出したんですよ。ジョンソン大統領のジョンソン牧場をお訪ねした時に、障害をもった人たちがいっぱい働いてるのを見ました。今でいう授産施設ですよ。その人たちが作った革のガンベルトとかを、「俺が作ったんだ」ってみなさん持って来て、私は買わしてもらった。彼らは誇りをもって牛を飼って、その革を製品にして、牛乳も搾って、それでチーズやいろいろな乳製品を作る。障害もった人たちが働く場をやってたんです。すごくみんないきいきとしてたのね。それで、「自分もあんなもん作れんかな」と思ったんです。

浅野　雲仙というところはそういうことができる場だもんね。東京でやるってわけにはいかないもんね。

田島　そうなんです。地域に合わせた施設を作ろうって考える時に、ひとつ大きなヒントになったのは生き物ですね。「大空を教室に大地を黒板に」、そして「生きとし生けるもの全てを教材に」、牛や豚や鶏や、そういう生き物を飼う。あるいは野菜やいろんな果物を作るとか。島原半島の一番得意なところはそこですから。それと、地域の周りにいるいろいろな人すべてを教材にして、人が育つ仕組みができないのかなっていうのを、半年位かけて空想するわけですね。結果的には、農業高校にも聴講生で二年間位通いました。

浅野　そういう現実的な目標、目的があって、だんだん具体的になっていくんだね。愛隣牧場が最初にできて、コロニー雲仙更生寮ができて。本来思っていた本人たちのため、本人たちが望むように、本人たちの幸せを実現することとなる。

施設

ふつうの場所でふつうの暮らしを

浅野　僕も障害者の住まいのあり方を別な観点から考えていた。そこに田島良昭が、ぴったりのタイミングでやって来た。これはよかったな。ただその一方で、田島良昭っていうのには悪名があったんですね。いろいろなこと言われてましたよ。

田島　ひどい悪口です。田島っちゅうやつは、朝も早くから寮生を起こして無茶苦茶に走らせたり、牛を何百頭と飼ったり無茶苦茶なやり方で施設やっとる。池に一メートルくらいの鯉を何百匹って飼ってるという噂も立った。当時、田中角栄さんの成り金の象徴みたいな鯉の話題があったあとですから。

浅野 どっかで金儲けをしてると。

田島 そうなんです。結局、障害をもってる子たちをこき使って、牛を何百頭って飼ったり、鯉とか、そういう噂があって、それで結構まじめな人たちがそれ聞いて、「えー、そんなひどいやつが福祉の世界にいる」っていう噂が広がった。

浅野 雲仙で社会復帰とかって言ってるけど、障害の軽い人ばっかり入ってるからできるんだとかね。そういう噂があった。「いやー、これ本当なのか確かめに行かなくちゃいけない」っていうのもあって、それで僕は雲仙に行ったんですよ。

田島 寒い時期だったと思います。一月か、二月位。

浅野 行って驚いた。やっぱり福祉施設って言いながら、労働なんだよね。仕事ということが活動の主なもので、北海道で知ってた施設からすると、施設はスケジュールがあるけど自由時間ばっかりあって、だから保護だけしてるみたいな感じだったんだけど、雲仙は全然違うなというのが見えた。それが、豚の世話と素麺作り。どっちも仕事する人が休まないんですね。ものすごいスピードなんだわ。

それを見て、これは本物だってすぐわかった。

田島 我々は、利用者を施設から外に出して働く場所を見つける。あるいは、彼らの能力を開発して、職業的自立をさせようとした。実際、職業的自立はある程度できるんです。どうしてもできないのが、生活自立なんです。特に食事を作るとかができない。うちの施設みたいに、親のいない子たちがたくさんいるところでは、どうしても問題になるのが夕方からのナイトケアなんですよ。ところがそこについての考え方というのは、厚生省には当時はまったくと言っていいくらいなかったんですね。労働サイドでは、働いてる子たちに対する就労支援の中で、勤労者住宅の補助制度があったんです。だけど、そこを誰がどうやって運営するんですかと。住宅とったからって、その障害をもった人たちが自分たちで食事を作ったり生活できるかって、ここができないと職場に行けなくなるんです。車の両輪みたいなもので、片方だけをどんなに強化してもだめで。それで、一九八三年くらいから、勤労者住宅って形でグループで生活するという仕組みを作っていったんです。私は、史郎さんが雲仙に来てたぶん一番ショック受けてるなと思ったのは、マラソン。

浅野　僕は当時、ジョギング始めたばっかりだったんだよね。僕の中で、「なに、知的障害の人でしょ、俺が負けるわけないじゃないか」と思ってたんだけど。競争したら僕が負けたのよ。

田島　ゴールした時に、「すごいなー、この人たちはすごいなー」って言ってた。

浅野　四十代と二十代だってのもありますけど、やっぱりね彼らにはモチベーションがあるなと思ったんですよ。八時間労働に耐えるだけの体力がないと外になんか出せないってことになる。単なる趣味で走ってるんじゃなくて、体力つけないと仕事ができないという、すごいモチベーションだった。こっちは趣味でやってるようなもんだから、勝てるわけないんだよね。これほんとに文字通り体で知った、なるほどってことでしたね。他もいろいろあったけどね。朝ごはん食べる時に、みんな正座しているのに驚いた。僕は、正座なんてできないからね。

田島　とにかく施設から外に出そうって、地域で生活させようって思っていた。「ふ

つうの場所でふつうの暮らし」をすると
いうことが、その頃に言ってたことです。
ふつうの暮らしというのは、何十人って
いうのが集団になってする生活ではない。
地域で生活するには、やっぱりマナーの
ことが、それから何らかのかたちで働く
ものが必要なんじゃないかと。だから、
たくましい体とたくましい精神力。自分
の力で生きていこうっていう本人の思い
を、どうやって育てるのかっていうのが
テーマだったんですね。

浅野　あの時、短い間だったけど見て、
これは本物だなって思ったのは、方法論
があって実践していたからですね。

田島　一九八五年に北海道伊達市の「太
陽の園」の小林繁市さんたちが雲仙に研
修に来て、グループホームを見て歩いた。
北海道では剣淵町の横井寿之さんたちと
か、札幌の諸田和夫さんたちとか、みん
な見に来られた。

浅野　原点は雲仙だったわけだ。そっか
ら学んだものを僕が北海道で、そうと知
らずに見て感心していた。偶然だよねー
ほんとに。

国士

障害福祉の世界が変われば国が変わる

浅野　厚生省で障害福祉課長をやっている時に、田島さんを抱え込んで他の人も入れて、人権問題題懇談会、人権懇っていうのをやったでしょ。今考えてみるとよくやったなっていうか、すごく僕にとっては役に立ったんですね。

田島　障害福祉のとらえ方を大きく変えた考え方だったと思います。福祉って地味な仕事で、「あわれでかわいそうな人たちに何かしてあげる」的な考え方がずーっと続いてきたんです。当然我々もその中で動いていた。ところがあの人権懇ができた時に、福祉は、「ひとりの人間としての生きる権利を守る」っていう視点から、いろいろ政策をするっていうように変わった。これは長谷川泰造弁護士が座長で、浅野課長が発案されて持ち込まれましたが、我が国にとってはものすごく大きな出来事だったと思います。

浅野　「人権」って名前を使ったでしょ。それがすごく画期的だったですね。逆に僕は、障害福祉のことあまり知らなかったから、まずは障害者本人のことを知ろう考えようっていったら、人権ってことに思い当たったということなんですね。

田島　そうですね。それは私たち現場の人間も気づかなかったんです。「人権懇」発足の時の浅野課長のあいさつの中で、「ひとりの人間としての権利をどう守るかっていう視点を、大事にしなければいけない」って言ったでしょ。障害があろうとなかろうとひとりの人間なんですと、その人の生きる権利がある。それをどうやってみんなで守るんですかっていうのを、みんなで話し合おうと。その考えってどっから来たのかってすごく思いましたね。だってそれまで、大変でかわいそうな子だからみんなで守りましょうよと。あるいはちゃんと本人のためにできる政策を考えようってずっと言ってきたじゃないですか。ひとりの人間としての権利。ようするに障害者に人権っていう視点がなかったんですね、それまで。

浅野 当時僕は、児童家庭局障害福祉課長なんです。もうひとつ障害者問題やってる社会局厚生課は、大人の身体障害者が対象なんです。僕が対象としたのは、知的障害者と障害児なんですね。障害児の中には、肢体不自由も知的障害も入るんだけど。考えてみると、知的障害者は、自分で自分の意思をなかなか表明しにくい人たちなんです。身体障害者っていうのは、実際あの頃それこそ人権ってことをものすごく本人たちが言ってたんだよね。だけど私が対象としていた人たちっていうのは、人権なんてことを言うはずもないんですね。自分のことを表現するのが難しい人たちなんです。それを僕が代弁するっていう立場にいたのかもしれない。それともうひとつは、僕の障害者との最初の出会いである、重症心身障害児なんですよ。重症心身障害の人たちも、「生きてる価値がある」って考えることはなかなか難しいことなんですよ。ちょっと見て感想をすぐに言う人もいるからね、

「この人たちは何のために生きてるの？」って。僕も最初そう思ったんだけど、そこを乗り越えていくのが、障害福祉の仕事だってこと。そういうことを含めて、「人権懇」ってなったと思ってます。

田島　あの時に集った人たちが、あれから三十年経って、今の我が国の障害福祉の主流になってますよね。福祉の世界だけじゃなくて、他の世界にも広がっていったんですよ。例えば日本弁護士連合会。長谷川泰造弁護士たちが障害者の人権に関する部会というのを作られたんですけど、それも人権懇が動き出したあとに広がっていったんですね。その他にも、働くっていうことについても、今人権っていうのを非常に大事にしながら、障害者の権利をどう守るかっていう考え方が主流になってます。「雇用」っていうと「雇われる」という受け身の立場だけれど、今は「就労」っていうことで、「仕事に就く」という主体的なことばに変わってきてますよね。ここでも「人権」がキーワードです。浅野課長のやった人権懇の流れがそういうものに広がった。

浅野　僕のあの時の思いは、そんな大それたことでなくて、情報を集めることが目的でした。多くの情報に接する中で僕が感じたのは、「怒り」です。人権が侵害されてるっていうのは、きれいごとじゃないから。怒りというエネルギーをもらったって気がしましたね。それが障害福祉課長の仕事を一生懸命やろうという原動力になったような気がします。その意味でも、僕にとってはいい場でしたね。ありがたかった。

田島　人権懇を厚生省の障害福祉課の中でされたっていうのも、やっぱりすごく大きかったです。

浅野　障害福祉課に場所はないから、児童家庭局の物置みたいなところでやった。あれがよかったね。人権懇には障害福祉課の職員も参加してた。彼らは実は情報がすごく少ないのよ。だから、人権侵害の様々な実例を知って、僕以上の驚きだったと思うよ。そういう教育的な意味もあったかもしれない。

田島　若い課長補佐以下の人たちがすごくそこで学んだと思うんですね。彼らは議事録に記録していましたね。その情報がいろんな形で発信されたんですよ。それは非常に大きな驚きがあって受け止められたんだと思います。

浅野　僕が一方的に情報を得るっていうんじゃなくて、参加してた人、お互いが学び合いだったのね。気づき合いだったんですね。人権懇の他にもうひとつ、人の輪というか絆を作ったのが、出版記念パーティ。僕の初めての著書「豊かな福祉社会への助走」をぶどう社から出した時に出版パーティをやった。あとの話だけど、障害福祉の関係の二人が親しげに話してるの見て、「どこで知り合ったんですか?」って聞いたら、「浅野さんの出版パーティで知り合いました」ということでした。出版パーティは人と人とを結びつけて、しかもそれが力になるわけです。同じ障害福祉の仕事してるから。人の足し算というか、ずーっと広がっていったっていう役割を果たしたんじゃないかなと思いますけどね。

田島　あの時、史郎さんの影響というのはすごく大きかったんです。一番大きかったのは人を繋いだこと。それも、我々みたいに知的障害だけの世界じゃなくて異業種の人がけっこう多かった。あとあとお互いに教え合う関係が築けました。

浅野　教え合うだけじゃなくて、活動にも繋がっていったわけだからね。人の繋がりを作っていく、これを遺産として残すことを僕はかなり意識していました。

田島 それと、みんなが課長と話しをしたいから厚生省にちょっと遊びに行こうかって。現場の人間が平気な顔して厚生省に行くようになったんですよね。その前は、陳情に行くか、何かない限りは行かない。現場のみんなが、厚生省と友達になった。これは大きかったと思います。

浅野 結果的に、人の絆がいろいろなふうに広がって発展していって実績をあげたっていうのは、とてもうれしいことですね。田島さんとの出会いから広がって、それが人権懇の引き金になって、僕の障害福祉の師ですね田島さんは。もうひとつ、僕にとって田島良昭っていうのは、宮城県知事選挙の話にも登場してくるんです。宮城県議会から言わせると、田島良昭は浅野の黒幕ってことになってます。田島黒幕ではないけど、田島良昭がいなければ、僕は宮城県知事になってないんです。

田島 障害福祉課長が終わったあとも、ずーっと変わらないお付き合いをさせていただきましたよね。私が使ってることばの中で、「障害福祉は国士の仕事」というのがあります。ある時、史郎さんに、

「どんな思いであんたこの障害福祉やってんだ」って聞かれたから、「国士の仕事だと思う」ってことを話したら、「それはどういうことか」って言うから、「国を思い、人を思い、力の弱い人たちの幸せを考えるのは国士の仕事だ」って言ったんです。そしたら、「うわーすごくいい、そのことばをくれ」って、自分もそう思うと。もともと障害福祉はちまちまやる話じゃない、生きる力の弱い人たちの幸せを考えるということは、一番の基本的なやらなきゃいけないことだと。たぶん私も史郎さんも、障害福祉の世界が変わっていけば国が変わるってほんとに信じて、常に史郎さんの中には国士としての考え方があったんだと思います。たまたま知事選の話が出てきて、私はこの人が知事になったらすごい大きく変わる、国より、ある面では地方自治のほうが大事。特に障害福祉関係なんかは、地区の代表、リーダーがしっかりしないとって思ってたんです。そこに史郎さんの話が出てきたから、それはもうむしろこっちの願いだったんですよ。

浅野　かなり話が具体的になったとこで、長崎にいた田島さんに電話したのよ。そしたら翌日、泊まりの荷物持って東京に来たからびっくりしちゃった。こっちはまだ気持ち揺れてる時期だったたから。

田島　私は、十八歳の時から、もっと言えば小さい時から、政治の世界にずーっといて、選挙も含めて政治の世界っていうのを見ながら育った人間なんです。二十年近くの経験があって。電話で聞いた時にこれはもうまさにチャンスだと。

浅野　僕が田島さんに教えられたのは、まず選挙ですね。あの時は僕にとって初めての選挙だったたから、何もわからなかった。

田島　選挙相手は、政党、経済界などの諸団体の推薦のある副知事。ふつうだったらこの人で決まりなんですけど。それがかえってよかったんですね。相手陣営は油断している、完全に桶狭間の戦い。選挙前に仙台まで出かけて行ってタクシーに乗ったのよ。運転手さんたちが、みんなしょんぼりでしたね、タクシーを十五台くらい乗り換えて県庁と駅との間を行ったり来たりして、「選挙どうするんですか?」って聞くと、「選挙行かない」って。副知事応援するっていうのが一人もいなかった。これが天の声だとすごく思いました。

浅野　それで田島さんに、「今宮城県は、マッチで火つけたらバーっと燃え広がるよ」ってことを言われたんですよ。半信半疑ではあったけど、なるほどって思った。これも選挙ってことなのよね。

田島　今考えてみると不思議なんですけど、この戦い絶対勝てると確信を持ててました。それと、最初に泡沫候補扱いにされたけど、選挙が始まって勝利の確信が持ててきたのは、カンパが寄せられたから。史郎さん夫婦が、選挙運動終わって帰ってくると出すんですよ、今日一日でもらったお金を。そしてそのもらった千円札なんかのシワを夫婦二人で「ありがたい、ありがたいな」って言いながら伸ばしてるわけ。「だいぶ稼いできたなー」なんて言って。実はそれを見て、「ほーお」って思ったんですね。たくさん選挙やったけど、選挙中にですよ、選挙カーに走って来た人がカンパを渡すなんて見たことない。

浅野　それは、浅野史郎のところに金づるが全然ないということがみんなわかっていたからだね。もうひとつは、怒りだったですね。有権者の県民の。前任知事がゼネコン汚職で逮捕された。そして出直し選挙には副知事が出てきた。「何でこんなになるの」と怒っているところに、牛若丸が飛び込んできたみたいでね。

田島　そうですね。それとやっぱり浅野史郎独特の発信する才能があった。わっと人を引き付けるのがね。本人は意識してやってるわけじゃないけど。

浅野　選挙始まるまではすごく苦しかったんだけど、始まったら楽しくて楽しくて。話すのが好きだし、それをみんな聞いてくれるわけでしょ、これを毎日やれるんだから。その仕掛け人は田島良昭です。百円カンパとかね、政党の推薦も全部断るっていう話も、僕もそう思ってたけど、もっとはっきり言ってくれたっていうのもあったし。そういうことで、なんとか三期、十二年。その時長崎から離れて宮城県に来てもらって、福祉事業団の理事長をやってもらったり。

田島　史郎さんの一番すごかったのは、県民からの支持率。県民からほんとに信頼されていてこそ、ほんとの政治だと。それはまさに国士。やっぱり選挙を応援するっていうのは、その人に惚れないとダメなんですよ。

障害福祉

塀の中に障害者がいた

浅野　僕が入院したでしょ、ほんとに死ぬか生きるかの病気になって。その時に電話して、「田島さん今どこにいるの？」って聞いたら、「刑務所にいる」って言うんだよね。「あーやっぱり」と思った。それはちょっと冗談だけど。「知的障害をもった人の、罪もないのに刑務所に送られたり、出所したあとどこにも行く場がないとか、刑をおさめたあとの問題がすごく大きいんで、今それをやってる」って。その時思ったのは、やっぱり田島さんらしいっていうのと、新しいのを見つけたなというそのセンス。この問題に気がついたきっかけがあるわけでしょ?

田島　あれは、船形コロニーの解体の大きな要因なんですね。宮城県で地域福祉を進めようとする時の象徴的なものは、施設の解体宣言を知事にもしていただいてっていうことで。その時に、大きな問題があって、そのひとつは、反社会的行動をする入所者たちをどうするかということ。実はあまり表に立ってないんですけど、県立の施設は、民間の施設に受け止められない人たちを受け入れてきたっていうのがある。一番問題なのは、その人たちを最初に出さなくちゃいけないということ。何でかというと、彼らは能力的には高いから。しかし、事業団の中ではなかなか表に出して議論できることではなかったんですね。みなさん非常に慎重で、しかも、入所してる人たちのプライバシーを守るっていうのが絶対だから。

浅野　それはそうだね。

田島　たまたまその時に、支援費制度が始まるということで、措置から契約に福祉が大きく変わる時期でした。実は罪を犯した人たちは、契約に非常になじまないんです。何でかっていうと、契約する側もそういうのはもう受け止めたくないいっていう雰囲気でしたから。人を傷つけました、盗みをしました、性的な問題を起こしましたとかって、契約を受け入れる側もする側も、やっぱりあんまり触れられたくない。そこで、反社会的行動をする人たちをどうするかではなくて、議論をする時に、「契約になじまない人たちをどうするか」ということばを使って、検討会を最初に立ち上げたんです。

浅野　それはね、ほんとはどこの施設でもそうなんだよね。

田島　そうなんですよ。だからそこの中で、契約になじまない人っていうのは、罪を犯したあるいは罪に問われた人だけではないと思います。

浅野　元衆議院議員の山本譲司さんが刑務所に入って、そこでいろいろ障害者の受刑者の実態を見て、それを本にしたり講演して歩いた。その話を聞いて触発されたっていうのがあったけど、どっちが先だったんですか？

田島　譲司さんがちょっとあとですけど、我々が事業団の中で検討してた時期でもあったんです。すごく衝撃を受けたのは、我々が考えてたのは、入所施設のところなんですね。

浅野 入所施設の中にいる、そういう人たちに対してね。まあ、問題意識は持ってたわけだ。

田島 持ってましたね。そうすると刑務所から出てきた時どうするんだと。そういう人たちの受け入れってことをまったく考えずにきてしまったんです。暗闇の世界っていうか、塀の内側のことは外から見てもまったくわからない。それで宮城刑務所に問い合わせたんです。中を見せてくれって。そうしたら、「障害のある人は一人もいません」って言うんだよ。「いや、一人もいないってことはないでしょう」と。「だって、ごろごろいるって話聞いたよ」って言ったら、「いや、いませんと。「じゃあちょっと中見せてくれ」って言ったら、「ダメだ見せられない」って。「どうしたら見せられるんだ、どうしたら刑務所の中に入れるんだ」って言ったら、「裁判で実刑受ければ入れるよ」って、もうケンカ腰。ただ、どうもおかしいと思ったのは、やっぱり譲司さんの言う話は、ほんとに現場でそういう人たちと実際付き合ったことがないと出てこないような話が多かったんですね。これは、とにかく自分たちで調べてみる必要があると。
浅野　で、ちょうどその頃に福祉事業団と社会福祉協議会が合併した。
田島　合併して、全国で初めて巨大な県社協になった。今だかつて他の県は結局できずにいる。宮城県はそれをやった。それで、合併後の社協として、罪を犯した障害者の問題は、真っ正面から取り組まなければならないことになった。彼らが刑務所を出所して社会に出てきた時に、いろいろな形で受け止める元締を社協がやらなきゃいけない。県社協として勉強会をしましょうということになりました。法務省や日弁連など公のところに協力していただいてやりました。
浅野　あの時、宮城県社協の職員も夢中になって熱心にやってたよね。
田島　そうなんです。みんなが現場で苦労してきたから。
浅野　自分たちの問題なんですね。
田島　雲仙でも、実を言うと私が保護者になってる子たちっていうのは、いろいろな問題を起こしてた子なんですよ。家庭に恵まれずに。家庭裁判所の調査官の人たちからとか、警察、少年防犯課、少年院、鑑別所からもすごく相談があったんです。だけど外には言わなかった。何でかっていうと、施設を作る時に地域の反対がすごくあったんです。「何で反対なんですか?」って地域の人に聞くと、やっぱり障害もってる人たちは、なんとなく「危ない」とか「汚い」とか「気持ち悪い」と。その危ないっていうのは、やっぱり罪を犯す人たちが相当いたんだと思うんですね。我々は、「そんなことありません。障害をもった人たちにそんな悪い人なんていませんよ。その証拠に見てください、刑務所なんかに障害者はほとんどいませんよ」って言ってた。そういった経緯もあるんです。

浅野 それで、彼らは法務省と厚生労働省、福祉と検察、警察との谷間に落っこった人たちなんだってことに気がついて、連携できないでいたところを繋いで、結果出したっていうのが田島さんだった。そこを、僕はすごいなって思いますね。刑務所に障害をもつ人がいるとわかって、田島さんはすぐ行動に向かって行きましたよね。例えば、刑務所に行ってしまうって人をこっちにとどめたり、それから刑務所から出て来てまた刑務所に戻るって人を戻さないで、社会の中でとどめるための活動。

田島　宮城県の事業団で施設解体を言い出した時に、罪を犯した人たちが刑務所にたくさんいるっていうことに気づき出したわけですね。すごく反省しましたね。申し訳ないって。自分が今まで長い間やってきたことは、十分でなかった。我々が相手にしてきた人たちのほとんどは、家庭に恵まれ、教育に恵まれ、支援をする人たちに恵まれた人たちだったんだと思うんです。ほんとに恵まれない人たちは、実は刑務所にいる。あるいはホームレスになってる。福祉よりもっと大変なところにいたんじゃないかっていうのに気づいたんですよ。我々が作りあげてきたシステムは、セイフティネットだって言ってきたじゃないですか、ずっと。

浅野　セイフティネットがいっぱい漏れてたわけだね。

田島　我々がやっているのは、国士の仕事だと。この仕事をすることによって、一番苦しんでる人たちを支えることができるんだと信じていた。だから私もこの仕事をすごく誇りに思い、この障害福祉を思ってたんですけど、それがあの刑務所の人たちの実態を見るとガラガラと崩れたような気がしたんです。情けなかったです自分で。それに気づかなかった。本来は福祉が、我々がもっと早く気づいていれば、彼らは罪を犯さずにすんだと思うんですけど。よく我々に対して、「がんばってるね」って言われるけど、私にすれば、「いやあ申し訳ないと、気づかずに申し訳ない」と。もっと早く我々が気づいてやってれば、彼らはもっと違う人生を歩めたんじゃないだろうかと。

浅野 だけど、田島さんは気づいたあとが違うよね。気づいたあとごめんなさいって気持ちを持ちながら、すぐ行動にして、それでずいぶん変わったよね。

田島 一番変わったのは、検察です。警察も今その影響を受けて変わりつつあります。それから、刑務所も今大きく変わろうとしてます。ちょうど史郎さんが障害福祉課長になられたあの頃みたいな感じですね。

浅野 そんな流れの中で、村木厚子さん事件っていうのがあったわけだよね。これはほんとに運命のいたずらみたいなもんです。村木厚子さんの冤罪が晴れて、国家賠償法で国が負けたわけだよね。三千三百三十三万円っていうのが損害賠償で彼女に入った。それがそのまま基金になって、その基金が南高愛隣会に寄託されて芯ができて、「共生社会を創る愛の基金」となってる。これが今の罪を得た障害者をどうしようかっていうための調査研究に使われると。こういうふうに回り回って来るんですね。

田島　そうですね。ほんとにありがたいことでした。その時に、志の高い役所の人たちとも出会いました。

浅野　今、世の中が変わっていくっていうのは、必ずしも障害者についてだけじゃなくて、例えば取り調べの可視化。この動きは村木さんの冤罪事件もきっかけになってますね。村木さんも審議会に入って。可視化っていうのは、僕らの目から見ると特に知的障害をもった人の取り調べは、やりたい放題じゃないかと思っちゃうわけですね。だからそれを可視化していかなければ、絶対正しい取り調べができないという強い思いはあったけどね。そこから入っていって、障害もった人だけでなくて、みんなそうでしょってところに。まだ完全ではないけども、ずいぶん変わってきましたよ。

田島　検察庁も今、知的障害とか精神障害、発達障害もそれから高齢認知症なんかも含めて、障害で区分をするのはやめたんです。何かコミュニケーション障害がある人たちについては、可視化をしようと。どうもおかしいって気づくことから勉強を始めて、全検察官が勉強しました。それでよくわかったんですね。今はかなりの数の取り調べが完全可視化になっています。

浅野　僕もびっくりした。急に変わった。

田島　それはもう、私が最高検察庁の参与になって、そこの改革のところは関わりました。とにかくまず気づいて欲しいと。どうも取り調べする時に、何かことばがオウム返しで来るとか、何か違和感を持ったら、もうそこで可視化しようと。

浅野　田島さんは、最高検にまで入り込んでいって、そういう改革にも関与して実績あげてるということですからね。最初は別のきっかけから入っていったのが、これは障害者だけの問題じゃないっていうことにまた広がっていく。田島さんは、そういうことをずっと一貫してやってこられた。やっぱり国士ですよ。僕も自分を国士と思ってるから。だから今日は、国士ふたりの対談でしたね。

理念と行動力が光る長距離ランナー

浅野　史郎

厚生省障害福祉課長になって十日目の「奇跡の出会い」がなくとも、田島良昭さんとはいずれどこかで会うことになっただろう。課長就任後の早い時期に田島さんを知ったことは、その後の私の仕事にスピード感をもたらしてくれた。初めて会って数カ月後、田島さんが理事長を務める長崎県の「社会福祉法人南高愛隣会」に出掛けた。そこで見たものは、入所者が素麺づくりを手際よくやりこなし、豚舎の世話を休む間もなく続ける姿であった。五キロ競走で能力開発センターの研修生に負ける体験もした。「八時間労働に耐える体力と精神力がないと、地域に出ても仕事につけないぞ」と田島理事長にいつも言われているから、彼らは必死にがんばるのである。定員百人の知的障害者入所施設が、毎年二十人からの「卒業生」を送り出しているのはなぜか。その答はここにあった。

私が障害福祉課長に就任して最初の全国精神薄弱関係施設長会議での行政説明で、千五百人の施設長に向けて、「全国の成人入所施設の定員六万人。自立退所するのは年に五百人、一％未満とはどういうことか！」と怒りの演説をした。こんな刺激的な演説ができたのは、「自立退所二〇％」という「社会福祉法人南高愛隣会」のことが頭にあったからである。

田島さんは、私にとっての障害福祉の師であり続けた。出会いから十五年経った二〇〇四年二月、私は宮城県知事として「みやぎ知的障害者施設解体宣言」を発表した。これも、二〇〇二年十一月に宮城県福祉事業団の田島理事長が「船形コロニー解体宣言」を出していたことを受けてのことである。

「船形コロニー解体宣言」発表に至る経緯は、田島良昭著「施設解体宣言から福祉改革へ」（ぶどう社）に詳しい。田島さんは、福祉事業団副理事長の辞令を受けたその日に船形コロニーを訪れた。建物を視察した後、総合施設長に「五百人の入所者のうち、何人がこの施設から出ていけたのか」と問うたところ、「八人です。全員、死亡による退所」という答が返ってきた。「亡くなった八人に何とお詫びを言ったのか」の問いには、「なぜお詫びを言うのか。家族から御礼を言われることはあっても我々がお詫びを言うことはありません」と総合施設長が言うので、その場で「あんた辞めなさい」と言い渡した。この七年後の二〇〇三年には六十二名が施設を出て地域に戻ることができた。施設長はともかく、職員の意識は大きく変わったのである。

私が障害福祉の仕事に直接関わったのは、北海道での二年、厚生省障害福祉課長としての一年九カ月だけである。田島さんは、二十九歳で目覚めてから四十年以上も障害福祉一筋である。すごいなと感心すると同時に、うらやましいとも思う。その田島さんとは、年に五、六回以上、いろいろな機会でご一緒する。今回の対談ではみっちり話し込んだ。そのたびに、気持ちのいい刺激を受ける。そんな関係をこれからも続けていきたい。

3 中澤健

一九四一年　北海道旭川市生まれ
一九六三年　早稲田大学教育学部卒業
一九六四年　国立武蔵野学院養成所を経て国立秩父学園児童指導員
一九八二年　厚生省障害福祉専門官
一九八七年　浅野史郎と出会う
一九九一年　厚生省を退職
一九九三年　マレーシアに渡る
一九九六年　マレーシア・ペナン島に「ＡＣＳ」設立（ＮＧＯ）
一九九七年　日本に「アジア地域福祉と交流の会」設立
二〇〇〇年　「アジア地域福祉と交流の会」ＮＰＯ法人化
二〇〇三年　マレーシア・ボルネオ島に渡る
二〇〇六年　マレーシア・ボルネオ島に「ＲＣＳ」設立（ＮＧＯ）
二〇〇八年　デイセンター「ムヒバ」開設

出会い

「グループホームやるぞー」

浅野　まず、出会いは覚えていますか？　一九八七年の九月二八日なんです。僕が障害福祉課長になったのは。もちろんその時に、ちらっとは見てるんですよね。

中澤　お会いしてごあいさつはしたでしょうが、数日後の月曜日に課内会議があって、そこで、「今度の課長は、今までとちょっと違う」と感じました。この月曜日の会での話は一語一句漏らさないで書いておきたいと思ってメモしたのを覚えてるんです。雰囲気を感じたんだと思います。私自身は、個人的に悩んでいたというか、「ここあまり面白くないなー」って思ってたのは確かなんですね。専門官としてすべきことがなんだかよくわからなくて困っていた。専門官というのは、現場、主に知的障害の領域の現場と行政の両方を繋ぐパイプ役ができればいいのかなと考えて、やっと自分の仕事はそれだと思っていたら、浅野さんが課長で来られて、「ちょっと待てよ」と、それだけじゃないということに気づいたんです。とにかく刺激を受けましたね。全国の先駆的で、もっと広がればいいと思うような実践活動を見つけ出すとか、そしてそれを多くの人と出会う機会に伝えていくとかですね。そういう仕事もあるし、あるいはそれを通じて、これから日本の障害福祉はどういう方向を目指したらよいかというようなことを、むしろ自分のところから発信していく役割もあるんだと。パイプ役ばかりではないんだってことに気がついたのは、浅野さんとの出会いだったと思うんですね。

浅野　厚生省の課長は、二年ごとに変わるんですよ。専門官はもっと長くいるんです。そのことをまさに専門にしている。ふつうはその項目については、課長は来た時はまったく素人で来ている。それで動くためには、スタッフが必要なんです。それが専門官ですよね。

中澤　それまでもうすでに、何人かの障害福祉課長のもとで専門官というタイトルは同じでやってきたわけですけど、直接の上司の意欲は課長によって違ってました。私は専門官で来て、だけど行政というものがわからない。どうやって物事が決まってどうなるかっていうことが、例えば予算をどう獲得するかについても、国会の動きへの対応も、何もわからないで施設指導員がポンと来たわけですね。それでもちろん戸惑う。それに対して、専門官は何もしなくていいから、少し様子見といてくれみたいな感じで、何年も来たんでしょうね、きっと。

浅野　本来は、官僚制の仕組みから言ったら、意思決定者は大臣のはずだけど、大臣は絶対意思決定しません。ふつうの仕事の中では。必ずもっと下のところで意思決定して、それが了承、了承、最後にハンコっていくんですね。僕の場合は、障害福祉課長で行った時から自分が意思決定者だと思ってました。障害福祉課の仕事っていうのは、結局予算なんですね。予算で仕事するんですね政策を。政策を実現するのに法律いらないんです。この予算を取ろうと。具体的には、グループホームやろうってつもりだったから、自分で意思決定をする。だから、障害福祉課長が実質的な意思決定者じゃなければ、専門官はすごくやりにくいはずです。だから仕事としては、専門官がスタッフとして、実際の意思決定者である障害福祉課長に助言をするっていう役なんですよ。助言ができるっていうのは、豊富な人脈と、情報と、経験っていうのがあるからなんですね。

中澤　当時、グループホームの制度作りをしたいという声は現場の中でだんだん高まってきていたので、私もあちこち行っていろいろなことを見て、児童家庭局の中では、予算要求としてグループホームを二年くらい前から出してたんですね。まず課内で話し合って一年目はだめになっちゃったんですけど、二年目は課内でそれでいこうって。

浅野　だめになったって、一年目は課内でもだめになったの？

中澤　そうです、課内から一歩も出られなかったんです。二年目には、課内で出してみようっていうことで、局長も出席しているフリートーキングで説明をしたら、はっきり「それはだめです」と。今までやってきた先輩たちに顔向けができないじゃないかっていうことでした。これはもう当分しょうがないと、もう少し時間が必要かなと思っていた半年後に、浅野さんが課長で来て、「グループホームをやろうじゃないですか」って、誰も何も言わないうちに言われたんじゃないですかね。

浅野　そうですね。

中澤　それからの障害福祉課は、私がいる間は専門官として楽しかったですね。

浅野　僕が聞いたのはね、当時中澤さんは、もう辞めたいって言っていて、新しいポストまで用意してあると。

中澤　グループホームはなんとかしたいけど、無理かなみたいな気持ちもあったんです。そこへ浅野さんが、「グループホームやるぞー！」ってかけ声で来られたもんですから、できることは何でもやろうと思ったんですね、あの時。それと、浅野さんが障害福祉課長で来られて、私が非常に勇気づけられたことがあるんです。それは、ふつう役人というのは、「前例がないからできない」、「規則だからだめ」、「あなたにしてあげたいけど、あなただけにすると不公平になるからだめ」って。それを浅野さんは、「前例がなかったら前例作りゃいいじゃないか」と。それから、「あなただけやったら不公平になるんだったら、その人にまずやってあげて、そのあとは他の人にもしてあげていけばいいじゃないか、新しい公平を作ろう！」って。それから、「規則だからだめは、規則というのはすべて昨日より前にできたものだから、今日は新しい今日なんだから、新しい規則を作ればいいじゃないか」と。「それが全部すいすいとうまくいくほど世の中ラクではないけれども、そういう心がけで障害福祉の仕事をしていかなきゃいけない」と、そうおっしゃったんです。こういう課長のもとで働けるっていうのは、うれしかったですね。できたらこうしたいという何かを掴まないと、なかなか本気になれない。そういう意味では、本気にならせていただきました。

行政

現場との望ましい形

浅野　行政っていうのはふたつ役割があって、法令で決まったことをそのまま実施するという実施型と、もうひとつ、政策を作るという役割。これはバランスの問題だけど、あの頃は政策を作るっていうほうがすごく大きかったですよね。グループホームっていうのを実現したということは、すごくいい経験だったですね、お互いに。北海道で人事待ってる間に、「浅野くん、今度障害福祉課長やってくれ」と言われたのが運命みたいなもんだった。結果的には、北海道庁で予習を十分した上で乗り込んでいったようなものだから、すぐに仕事ができたってことがある。そこに、思い悩んでた中澤さんが僕と出会って、グループホームにすごくやる気まんまんだったわけでしょ。

中澤　いろいろやりましたよね。障害福祉課の人たちも、事務官もみんな何班かに分かれて通勤寮を見に行こうとか、東京都の生活寮に行ってみようじゃないかとか。

浅野　職員を現場に行かせることの原点は、やっぱり北海道庁にあったんです。当時、ケア付き住宅をやろうと企画していました。ケア付き住宅の公営住宅は、常時の介護を必要とする人は一人では入れないという建設省の省令があったんです。これを突破しなくちゃいけないと思ったので、僕がやったのは、当時の福祉課の職員をその障害の人のところにやって、二晩くらいかな、一緒に生活させたんですよ。一緒に銭湯に行って、結構できるっていうことを写真を撮らしたんです。そしてそれを持って、建設省にも説明に行った。

中澤　その頃、実際の姿を見るというのが、こんなに効果的かっていうのがよくわかりましたからね。事務官は、実際の現場を見ないで仕事をするはずですよね。私だけ実際をあっちで見たりこっちで見たりして。それで事務官と同じ思いで進んでいくっていうのは、けっこう難しいんだなってことがわかりましたね。

浅野 楽しかったでしょ。視察のための視察じゃなくて、ちゃんと目標があったから。僕からすると、ことばは変だけど、課員を中澤さんも含めてこき使ったって気はするんです。参加してもらいましたよね。嫌でもね。

中澤 でも、課員はみんなけっこう楽しんでたんですよね。嫌そうな顔してる人は一人もいなかったですね。あの時期は、ほんとにみんな一丸になれたんです。

浅野 一生懸命案を作ったでしょ。とにかく予算の案で、一番の難関は局長のところを突破するってことだった。

中澤 そうですね。

浅野 百問百答っていうのも、ほんとは局長くらいを意識して作ったんだよね。あれを作る過程がすごく大事。実際に職員といっしょになって見に行ったりするっていうのは、これは説明する時にすごくいいわけですよ。ただ単にこれは障害者の自立のなんとかってよりも、こういう風にやってるんですよと言える。だからそれは、専門官としての働きをしてもらったわけですよ。

中澤　事務官の人たちが体も使って、若い人も含めて、だからそれが大蔵省の予算を取る段階になっても、ずーっとやるぞっていう強い気持ちをみんな持ち続けていられたんじゃないでしょうか。

浅野　そして、百問百答もできて、だからもうこっちは理論的にも実際的にも十分な準備ができていたから、どこでも負けないぞって気にはなったんですよね。それで局長の門も出て、大蔵省に行って突破して。いろいろな手練手管を使った。朝日新聞の大熊由紀子さんに社説書いてもらったり。

中澤　ほぼ同時に、朝日新聞と毎日新聞に、「グループホームがぜひ実現するように」っていう社説が出たんですよね。

浅野　あれは大きいよね。

中澤　ああいうのが出たことが、またそれこそ、現場の人たちにもけっこう勇気を与えたと思うんですよね。

浅野　あと審議会、審議会が元になって新聞の社説になったんですから。審議会からも、「ぜひこれが実現するように」っていう。それで、めでたく予算を。この前、「障害者総合支援法」をあらためて読んで感心しました。あのころ言ってたことがちゃんと法律の形になってるんだと。「地域福祉」とか「自立」とかってことばがちゃんと使われていて、当時はそんなの法令にはなかったから、措置だったんだから。

中澤　措置時代ですからね。

浅野　施設一辺倒に近いようなもんだったでしょ。ただ、逆にそうだったから、実態が法令に乗っかっていってくれるみたいな感じだったよね。グループホームというのは、今法律の中に入ってるわけですよ。だから我々が政策を作っていき、そしてそれが政策になったと。だから楽しかったよね。日曜の夜がワクワクして、明日また仕事ができるって。ずっとそんな人生送ってきてなかった。この時だけです。この一年九カ月だけ。

中澤　創ってるという気持ちで高揚してましたからね。あれはほんとにいい日々だったですね。

浅野　予算が付いたあと、中澤さんに手伝ってもらってやった、マニュアル作り。その前に、その元になった課長通知を出したんですよ。これを僕は、「ですます調」で書いたんです。役所の公文書は、みんな「である調」で書いてあるわけですよ、難しいことばで。「ですます調」っていうのはまずなかったと思います。マニュアルもそうですね。

中澤　覚えてます。あれは、注をつけたり、各論は全部「ですます調」で。

浅野　あの時、ひんしゅく買ったけどね。僕は、「このマニュアルはふつうのおばさんが読むんです」って言ったんです。そしたらどっかでね、女性蔑視だみたいなこと言われましたね。なんでふつうのおばさんなのって。ふつうのおじさんだっているでしょって。それはともかく、あれはものすごく文体を意識したね。

中澤　しかも「一九八九年度版」って書いて、確か理由も書いて。

浅野　思いがありましたよ。自分でもいいアイデアだと思うね。一九八九年版って書いたら、当然、一九九〇年版が出るはずだから。

中澤　実際九〇年版が出たんです。

浅野　あれで言いたかったのは、これは完全なものじゃありませんと。まだ制度っていうかできたばっかりで、それなのに勝手にマニュアル作って、これでうまく動くかどうかっていうのは現場もよくわからないんだよ。

中澤　案の段階で現場に読んでもらったんですね。やってる人たちに見てもらって。当時浅野さんの発案でやった「人権懇」でも、人の繋がりを作ってもらえました。みんな自前であっちこっちから来て集まって、話をしてくれたりして。そのあと、みんなそれこそお互いにお金を出し合って飲んでしゃべって、そのことがそのあとにずっと繋がっていった。

浅野　人権懇の発想の元は、北海道庁時代にあるんです。僕は、障害福祉のことも全然知らないで、障害者のことも知らないで課長として行ったわけです。じゃあ、どうやって仕事するかっていう時に、まずやっぱり情報、知らなくちゃいけないということで、障害施設にいっぱい行ったり、障害者の話も聞いたりとか、親の話も聞いたりしました。そういう中で感じたのは、人の持ってる情報が大事だということでした。それをそのまま持ち込んだんですよ。僕はそれまで、行政があって、その相手方に障害者だったりその親だったり直接の対象者がいて、それと対峙するっていう感じでやっていたんです。それが変わったきっかけが、小山内美智子さんなんです。小山内さんと北海道庁に行った時にすぐ会って、「ケア付き住宅をやって欲しい」という要望を受けました。知事の公約だったからどうしてもやらなくちゃいけなかった。その時に、僕は小山内美智子さんの力を借りたんですよ。だから僕にとって小山内美智子さんは、専門官なんです。こっちは情報も何もないところに、小山内さんと協力し合いながら、「これどうする?」、「どういう形にする?」とやっていったんですよ。

これは考えてみると、行政としては実に画期的な方法なんです。直接の対象と一緒になって、コラボレーションして、新しい政策を作っていくって形。それまでは、政策はこっちが作る、できた政策を対象者は使えばいいという形だった。小山内さんに知恵を借りてやったという経験があってかな、行政の外の人の意見なり経験なりを聞いてやっていく。それも人権擁護の目的のひとつでした。むしろ我々行政は少なくって、民間の人たちに来てもらって好きなこと言ってもらうということで、我々も勉強したわけですよね、結局。

中澤　あれは勉強になりましたね。勉強にもなったし、そこで話されたこと以外のことでも人脈ができたことが大きかったですね。それこそ法律家もいたし、弁護士さんもいたり、新聞記者、いろいろな人がいて、その他にゲストスピーカーを呼んだりして、障害福祉課からも係長以上はわりと出てたんじゃないですかね。

浅野　我々行政は無知だとは言わないけど、現場のことはそんなに知ってるわけではない。理屈はあるけども、まず認識から。当然のことでしたよね。

中澤　そうやってマニュアルを作ることによって、グループホームの制度をもともと作ったのは自分たちじゃないかという思いが、みんな今でもありますね。

浅野　だからやっぱりね、続いているべきだったんです。それは、一番新しい情報が入ったマニュアルだってだけじゃなくて、それを改定する経緯において、現場の人たちが使うわけでしょ。そうするとますますその現場は、当事者意識は当たり前だけど、一緒にやってるんだっていう。行政と現場との望ましい形だね。そういうところまでいったんだよね。

転機

一からやる贅沢な話

浅野　それで、そこから二人とも運命が変わりましたね。僕は人事異動で障害福祉課長を辞めさせられた。すごく悲しかった。それから中澤さんは障害福祉課から、マレーシアに？

中澤　九一年の十二月で退職です。九三年にマレーシアへ。九三年っていうのは、浅野さんが宮城県知事になる年ですね。

浅野　そうなんだよ。お互い九三年にだいぶ変わったよね。大きな転機が来たわけですね。で厚生省辞めて、マレーシア。なんでマレーシアですかと。

中澤　専門官っていうのは専門官だから、

同じイスにずっと座っているわけですね。課長も課長補佐もみんな行っちゃうから、三年位たつと一番古くなるんです。いろいろ予算化したりして、自分が関わってやったものが増えてきますから、この調子でいろいろ増えてきたら、自分が関わった制度がかわいくなって、新しい発想が出にくくなるかもしれない。かといって、三年や五年で変わっちゃったらよくないから、十年にしようと自分で決めたんです。そうしないとみんな新しくて聞きに来られて、いい気になって図に乗って、それこそ障害福祉行政の停滞というか、足をひっぱるようなですね。辞めるべきだと思いました。ただ、辞めてどうするか。日本で、役所辞めて現場に戻るのは無理だろうということは考えました。

浅野　厚生省を辞めたあと、何らかの形でこの仕事に関わっていきたいという思いはあったんですか？

中澤　もちろんそうですね。むしろ現場の仕事をしたいと。日本で現場実践と言っても、もちろん制度の中でやるわけですけど、まだ制度がないようなところで、一からできないだろうかというふうに考えていて、贅沢な話ですね。それからもうひとつは、マレーシアのボルネオというのが、私の父親の戦死した場所なんですね。そういうことで、かなり以前から関心を持っていたんです。現地の人たちに大変良くしてもらったという父からの手紙が母のところに何回か来ていまして。多民族だけれども、紛争がなくて、けっこうたくましい人たちが暮らしてるけど、まだ貧しいと。そういうところで障害者がどう暮らしているのか、実際に自分で何ができるかわからないけど。で、マレーシアだったんです。

浅野　行く前に不安なかったんですか、生活面、給料、あてがないわけでしょ。

中澤　給料はないんですけれども、五十二歳で辞めましたから、十年たてば年金がもらえる、十年はとにかくなんとか食い繋げると当時思っていて、自分の貯金を持って行ったような形ですね。ところが実際に活動するとなると、生活は細々できても活動資金がないんですよ。それで、日本に「アジア地域福祉と交流の会」というのを作って、会費を納めてもらって活動費にあてようと。マレーシアに行って数年して、いよいよ活動を始めるという時に、そういう会を日本で立ち上げたんですね。

浅野　ある意味では開拓者になるわけですよね。そういう心の震えというか、そういうものはあったんですか？

中澤　心の震えというより、地元で気の合うパートナーを見つけたい思いで必死でしたね。かといって、日本流でやりたいとも思わなくて、自分も白紙になった気分でした。最初にペナンで、まず知り合いを作っていきながら大学に属して、大学のフェローって形で、全国の知的障害関係の調査をしたんですね。それから、ペナンで現地のよい人と出会って「ＡＣＳ」、アジアコミュニティサービスという団体を登録して、日本や現地のいろいろなところから資金応援を受けました。

浅野　ペナンでは何をしたんですか？

中澤　ペナンでは、障害幼児のアーリーインターベンションプログラム、日本でいう早期療育ですね。それは町の中でやって。田舎ではそういう場が何もないので、成人の働く場として、「ステッピングストーン」というのも作りました。土地を買って自前の建物を建てたりして、働く場を作って、その隣にグループホームじゃないけれども、自立生活体験ができる、「インディペンデンスリビングホーム」っていうものも作ったんです。

浅野　要は就労支援ですね。知的障害で、田舎で、就労っても企業が無くてってって大変だよね。

中澤　今でもそこは村ですが、少し町化してきてるところもあって、実習に出たりする人も何人か出てきたり、そこで働きながら多少給料もらってるっていう人たちも出てきています。今、二十五人位かな。早期療育のほうは町で相変わらずやってて、これはもうトータル百何十人になりますね。

浅野　どっちも「ACS」でやったわけですね。母体がね。

中澤　そうです。「ACS」は、その他にも移動おもちゃ図書館。車におもちゃを積んで行って、通って来られない移動手段のない人たちが楽しめるようにって半島側に行ったり、芸術アートとかいろいろな活動をやっています。今は、ペナンの地元の人たちだけでやってます。

浅野　それで、ペナンに十年位いて、ボルネオに行くんですね。

中澤　そうですね。二〇〇三年にボルネオに行って、また新しい団体を登録して今活動してるんですけど。これが「RCS」。Rっていうのは、ラジャン川というボルネオ島で一番長い川の名前をとって、CSはコミュニティサービスですね。ボルネオのある村に行ったら、柵というか檻というか、木の枠の中に一日中入ってる十三歳の少女、フィロミナと出会うんですね。「あー、こういう子が他にもいるんだったら」って、「一生友達を作ることもできない、自分の心を動かすような活動をすることもないいんじゃさびしい」と思って。

浅野　何十年前の日本ですよね。

中澤　まわりはジャングルですから、一人でジャングルへ入っちゃうと日中みんな畑行ったりして働いてますから、迷子になったらもうアウトなんです。だから、安全のためにそういう囲いを作ったんだと思いますけど。そこには、イバン族という少数民族の人たちが住んでるんですね。居住形態は、長ーい一つの屋根の下にいっぱい家が並んでいる形態で、ロングハウスと言います。熱帯雨林なのでしょっちゅう雨が降るんで、廊下をかなり広くとると、廊下でみんな昼間作業することもできるし、子どもたちが遊んだり、夕方から宴会をすることもできるし。何か起こった時に助け合えるし、非常に都合のいい居住形態です。

浅野　共同生活、共同就労みたいなもんですね。

中澤　子どもたちはキャーキャー言ってその広い廊下で遊ぶわけです。日中外は暑いですけど、そこはわりと涼しくて風が通って。子どもたちを育てるのは誰が親だかわからないくらい、みんなが親みたいで。おもしろいですよ、ロングハウスで暮らしてる人たち。

浅野　日本でもそういうの使えそうだよね。そういうような生活形態っていうのは、過疎地なんかで。

中澤　ほんとそうです。過疎地なんかそうしたら助け合いができる。これのいいところは、自然があって、人がいて、あと水と太陽さえあれば。

浅野　電気もガスもいらない？じゃあ冬なんかだったら六時に真っ暗になっちゃう、寝るしかないの？

中澤　ボルネオ島に冬はないんですけど、夜はろうそくですね。ろうそくを置いて、それを囲ってワーワーいってると心が開けるんですね。アノヤローと思っててもだんだん助け合ってる仲間だなーって。困った時は、「助け合い」ってことばでは言わなくても、そういう感じになるんですね。

浅野 ロングハウス面白いですね。その辺の人の生業は何なんですか？

中澤 お米を作ってるんです。お米を焼き畑農業で。収穫をする時とかみんなに頼んで共同でやるんですけど、賃金のやりとりはないんです。家の一部を大がかりに修理をするだとか、建て増すだとか、そういう作業の時なんかも助け合うんですね。

浅野 なるほどね。そういうところにも障害児は当然いるわけですよね。ロングハウスの周辺の自然のいっぱいのところで、農業をやっているようなところにも。

中澤 その近辺の十七のロングハウスで調査をしたんですね。そうしたら何人か知的障害の子がいて、何もできないからってほっとかれたりしてる人がいるわけですね。そういう人たちが友達と出会う場、活動できるような場所を作ろうっていうので、「ムヒバ」というデイセンターを作ったんです。

障害福祉

宇宙探索みたいな仕事

浅野　ボルネオ島で、「ムヒバ」という施設を作った。どうやって作ったんですか？

中澤　建物を作る時に、土地をまず作らなきゃいけないですから、ちょっと山を切り崩して、一エーカーの土地を作って。

浅野　自分の土地じゃないでしょ？

中澤　じゃないんですけど、その山を持ってる人が使っていいからって言って。で、ブルドーザーが入って整地をして、そこまでは業者にお金を払いましたけど。そこから先は、日本からワークキャンパーを呼んだり、それから地元の人たちに手伝ってくださいと言って、大きなことはみんなで一緒にやり、お金のやりとりはなくて。そんなもんだから、「障害者の施設なんて困るよ」なんて言う人は誰もいなくて、「俺たちが汗流してこれ作ったんだ」みたいな。だから「ムヒバ」は、彼らにとって誇らしい場みたいです。

浅野　ワークキャンパーを呼んだりって簡単に言うけど、ボルネオに自費で来るわけでしょ。どんなところに泊まるんだろうとか何もわからずに。日本から？

中澤　そうです。来た人たちが、携帯も使えない場所ですから、携帯の存在も忘れちゃうくらい汗かいて一生懸命働いて、「あっここに自分の居場所を見つけた」と。

浅野　その人たちに、「ムヒバ」作る時に労力提供してもらったわけですね。

中澤　それで、たまたまそれが地元の新聞に出たら、その新聞を読んだ町の人が、「日本から学生が来て、そんなに労働提供してくれるなら自分たちもできることをしたい」と言って、レンガを一万五千個とか、生コンクリートをミキサー車九台分とか寄付してくれました。それから夕イルを四千枚とか、天井板を四百枚とか。まあとにかくいろんな寄付がきて、実はあんまりお金の計画を立てないで始めたんですけど、結局はその流れでできましたね。

浅野　なるほどね。それは来る側にとっても、ものすごいカルチャーショックで、その人たちにとっての新しい生きがい、進路を変えるような大きな力があったんじゃないですか？

中澤　そう思います。とにかく夜暗くなって発電機の電気が切れると、ろうそくの灯のもとで話す。そうすると、実は両親が仲が悪くてとかね、ふつう日本ではあんまり言わないような自分の話を始めたりするんです。この前の総会にも、ワークキャンプに来た人がけっこうたくさん来ていて、日本に帰ったあと数年して結婚して、「子どもができましたー」って赤ちゃん抱いて見せに来てくれるんです。

浅野　だからさ、付随的に青少年育成事業みたいなのやっちゃってるわけだね。結果的に。

中澤　言ってみればそういうような形になってるかもしれませんね。

浅野　「ムヒバ」には、身体障害も、知的障害も、発達障害も。精神障害の方もいるの？

中澤　そうです。いろいろな障害の人がいます。今二十五人、四十七歳から小さい子が八歳で、職員が八人で、これがまたいいチームになりましてね。

浅野　職員の方々ってどういう人、現地の人でしょ?

中澤　職員は、みんな地元の人で、歩いて通って来られる範囲の人です。私のロングハウスから五人。

浅野　最初に来る時には、中澤さんのことも、そこでの活動のこともちゃんと知ってて来るわけですよね、そういう職員になる人たちっていうのは。

中澤　いえ、私のことなんか全然知らない人が応募してきます。そうすると口づてで伝わっていくんですね。ほんとは一人しかいらないけど、十人も来ちゃうんですね。ちゃんと書類を見て面接して決めます。

浅野　そうすると、落としたりする人もいるわけ。

中澤　そうせざるをえないですね。職場がないですから、あそこに入れたらラッキーってな感じで。

浅野　いちおうそれなりの給料出すんですよね。それが現地にとっては、貴重な現金収入みたいなもんで、あこがれな職場みたいになってるんじゃないですか？もう唯一の産業みたいなもんだよね。

中澤　パームヤシのプランテーションは近くにあるんです。肉体労働ですけどね。そういう人たちよりも、「ムヒバ」に勤めた方が給料はいいんですね。

浅野　それで肉体労働でもないし、それほどのね。どういう人たちが職員ですか？

中澤　職員は男女四人ずつ、二十代から五十代ですね。日本でいう高卒ですね。とにかくいい人たちに恵まれて、最初は子どもたちのことを、スズメの学校の先生がムチをふりふりみたいだったのが、メダカの学校は川の中、だれが生徒か先生かわからないくらい仲良しになりました。利用者ものすごい元気になって明るくなって、それでスタッフといい関係を作って。みんな自信がついたようです。

浅野　利用者も職員もその現場で育っていった。

中澤　そういう感じですね。専門の勉強をした人は一人もいないですけど。でも守衛さんも、運転手さんも、調理のおばさんも、みんなで一週間に一回、金曜日の午後は職員会議をやるんですね。そこで毎週ケース会議をやって障害の共通理解をするんです。その他に私が、モチベーションとかノーマライゼーションとか言って少し話をして、それをやったあとにみんなでお酒を飲むんですね。つまみみたいなのを買ってきて、みんなもういろいろな話をして、私的な話もして、けっこう楽しく笑い合って過ごします。

浅野　今聞いてて、いかにももう自由闊達にやってるようだけど。ことばの問題っていうのはどうなの?、マレー語でもないんでしょ、現地語でしょ。

中澤　現地語は、イバン語っていうのがあるんですね。でも会議をイバン語でやるほどは私できませんから。普段のスタッフの会議は英語でやってます。利用者たちとのやりとりは、イバン語の単語をちょこちょこっと言ったりするくらいで、スタッフも英語は上手になりましたね。ただスタッフに英語わからない人もいますので、それはスーパーバイザーがいてイバン語に翻訳したりとか、ことばは今でも不自由してますけどね。

浅野　今の状況を聞くと、うまくいってるみたいだけど、最初からそういうわけじゃないでしょ？

中澤　大変なことはありました。やっぱり、一番大きかったのはお金のことかもしれませんね。しかもお金がなくて困ったっていうより、人との信用の問題というようなことで、ちょっとうまくいかなかったこともありますね。ムヒバに通って来たら、利用者は州政府から月々百五十リンギット（四千五百円位）もらえるというシステムがあるんです。役所は先にそのお金を振り込んできちゃったんですけど、いろいろちゃんと話がついてなかったから、そのお金を私はまだ使いたくなかったんです。それで使わないでいたら、利用者の親がお金をくれと迫ってきたというようなこともありましたね。

浅野　なるほど。それは、州政府からもちゃんとお金もらえるってことは、ムヒバの活動がそれだけちゃんと認められてるってことですよね。認められて、それでお金も出してくれてる。考えてみれば、縁もゆかりもない日本から来た人が、この現地の人たちにこんなことやってくれてるわけでしょ。それとも勝手にやってるわい、みたいなもんですかね。

中澤　恐らくそうだと思いますね。それでいいやと思ってますけど。私はむしろ、こういう民間団体、ＮＧＯと州政府がタイアップしたような形のものが、もうちょっと奥地にも広がっていかないかなと期待していました。そのためにデモンストレーションをしたことがあるんです。ペナンで町から村へ、そしてボルネオでは、さらに川の上流の不便なところへ。不利の重なってる子どもたちは、いっぱいいるわけです。そういう人たちのことは忘れられがちだけれども、それを思い出すきっかけくらいは作りたいって思って、トイボートプロジェクトをやったんです。これ失敗しましたけどね。

浅野　どうして？

中澤　どうして失敗したのか主な理由は、私がそこに行って住まなかったってことですね。これまで、ペナンもボルネオもその地に行って住んで、そこで知り合いができて、協力者もその中から何人か出て続いてきたんですね。ところがトイボートは、もちろん知り合いはできたし、ある程度は協力者もできましたけど、定住していないもんだから、行った時はお手伝いするけど行かなきゃ何もしないと。それではやっぱり無理だってことがわかって。まあ、ちょっと残念な思いはありますけど、諦めました。私は、福祉サービスを必要とする人を、探してでも行くのが福祉活動の源じゃないか、宇宙探索機みたいな仕事だと思ってるんですね。宇宙探索機は、命を探しに惑星に飛んでるわけです。そこにはひとつ夢があるじゃないですか。福祉の仕事っていうのは、そういう夢のような、どっかに隠れてい るより不利の重なった人たちを探しにいく活動、みたいなところがあると思ってるんです。

浅野　この活動は、中澤さんがいてこれをやってはい終わりっていうのじゃちょっとさびしいですけど、今後の見通し、その広がりっていうところではどうですか？

中澤　広がりには時間がかかるだろうと思いますけど、とりあえずは、私がいなくなっても現地で継続していけるように今準備しています。こういう活動が、ボルネオ島のサラワク州全体の中でもモデル的だっていうのは、州政府の福祉局も認めてるんですね。時々いろいろな形で新聞に書いてくれたりなんかするもんですから、時間がたっていけば、それが他の地域でもできるようになってくるんじゃないかと期待をしています。

浅野　なってくるでしょうね。それにしても、いずれはまた日本に戻ってくる。マレーシアとの関係も繫ぎながらね。そういうことになったあとは、どうするんですか？

中澤　七五歳になったので、どこまで行っていいんだろうかというのもありますけど。私は、今言ったようなことを日本でもしたいですね。ロングハウスを日本で作ろうではなくて、日本の若者たちや、中堅の職員がですね、いきいきと仕事をできるような目標を持てる、そういうふうな活動がしたいですね。マレーシアに関しては、日本にいる人たちにマレーシアを知ってもらいたい。便利や快適だけでなく、自然や人を大切にする社会作りのような活動をしたいです。

浅野　老兵は死なず、ただ消えゆくのみ、って言いますが、老兵は死なず、そして消えていかないってことですね。命の限り火を灯すと。素晴らしい生き方ですね。

障害福祉専門官からマレーシアへの地道な転身

浅野 史郎

中澤健さんとの対談の前半部分では、聞き手の私のほうが口数が多かった。厚生省障害福祉課長在任中は、障害福祉専門官の中澤さんは仕事仲間であった。対談で話しているうちに、次から次へと血湧き肉躍る思いがよみがえってきて、止まらなくなった。

中澤専門官は、前任課長時代からグループホームに関心を持っていたが、その実現には至らなかった。私は障害福祉課長に就任したその日から、グループホームの実現に向けて走り出していた。こんな課長の登場は、中澤専門官にとっては「待ってました！」というところだったろう。

その頃の中澤さんは、専門官が何をする役職なのかわからず悩んでいるところでもあった。そんなところに私が、「グループホームやろう、一緒にやろう、手伝ってもらうよ」と言ったものだから、中澤さんの悩みはどっかに飛んでなくなってしまった。そこから始まった中澤専門官と私の共同作業。対談では、こんなこともやった、あんなやり方もしたという話が飛び交った。青春時代の思い出の発露の感があった。

「人権問題懇談会」、略称「人権懇」に参加することで、中澤専門官の人脈は広がり、さまざまな情報も蓄積することができた。課長は二、三年で異動するが、専門官は五年、十年在籍する。専門官は残る。その専門官にとっては、仕事に関する人脈と情報は財産である。次の課長、その次の課長の時代にも、専門官の財産を生かすことができる。そんなことを狙って人権懇を始めたわけではないが、結果的に中澤専門官の「財産」は豊かなものになった。

一九九一年、中澤さんは十年務めた専門官を辞めた。一九九三年、マレーシアへと活躍の場を移した。専門官を十年もやると、課内で自分が一番古株になる。また、自分が手がけた施策がかわいくなって、新しい発想が出せなくなるのがいやだったらしい。それで専門官を辞めるのはわかるが、なんで今更マレーシアなんだろう。

現場に復帰したいというのはわかる。でも、なんでマレーシア。父親が戦死したのがマレーシアのボルネオの地というのもあるが、「制度のないところで一からやってみたい」というのも大きい。「一から始める」というが、実際はゼロからだろう。衣食住の確保、ことばの問題、知り合いがいないこと、自分の食い扶持はともかく、活動資金はどうするのか、難問だらけである。それでも中澤さんはマレーシアに行った。「決死の覚悟で」とはほど遠く、「ブラっと」行ったらしい。そこが中澤さんのすごいところ。ブラっと出かけて、二十年以上になる。二十年で、確かな活動基盤を築き上げた。

途中から、奥様の和代さんも合流。和代さんも自分流で活動を続けている。中澤健さんもすごいが、奥様の和代さんもすごい。いい意味での似たもの夫婦である。和代さんは対談に同席して発言もしていたが、収録はしていない。問題発言があったからでは決してない。

4 小山内 美智子

一九五三年　北海道生まれ
　重度の脳性麻痺をもつ
一九七四年　道立真駒内養護学校高等部卒業
一九七七年　北海道の福祉村建設懇話会の委員任命
一九七七年　一月十五日、「札幌いちご会」結成
一九七九年　スウェーデン視察旅行
一九八五年　浅野史郎と出会う
　「札幌いちご会」ケア付き住宅を実現する委員会発足
　長男「大地」出産
一九八九年　「札幌いちご会」地域ケアサービス実施
一九九〇年　「札幌いちご会」自立生活サービス実施
一九九八年　社会福祉法人施設長資格を取得
一九九九年　「社会福祉法人 アンビシャス」総合施設長
二〇〇二年　北海道大学医療短期大学部の非常勤講師
二〇〇三年　「社会福祉法人 アンビシャス」ヘルパー派遣事業開始

出会い

「ケア付き住宅作ってください」

浅野　こんにちは、お久しぶりですね。
小山内　久しぶりですね。
浅野　ところで小山内さん、僕と初めて会った時のこと覚えてますか？
小山内　覚えてます。私が長男を産んだ時ですよね。
浅野　大地くん。大地くんが三カ月くらいの時だったでしょ、北海道庁で。あの時は要望に来たんだよね、「ケア付き住宅を作ってください」って。僕が厚生省から北海道庁に来て二カ月の時。行く前に先輩から、「浅野くん気をつけろよ、札幌に小山内美智子っていうとんでもないやつがいるから、自分のことばっかり言って、ギャーギャー騒いで大変だから気をつけろ」って言われて、札幌に来たんですよ。だけど実際会ってみたら、そんなことはない、しっかりしてるな、大変面白い人だなと思ったんだよ。だけど小山内さんのほうは、いやなやつだなって思ったんだよね。

小山内　しっかり？　アハハ。いやだったのは最初だけね。そのうち二回三回会ってるうちに、「ちゃんと僕に言ってちょうだい、聞くから」ってなだめるように言ってくださって、「あっ、この人今までのお役人とはちょっと違うな」と思って。

浅野　ケア付き住宅ではいろいろありましたね。これは、当時まだ一期目の横路孝弘北海道知事が、まだ知事候補者の時の公約だよね。あれ公約に入れさせたの、小山内さんだったでしょ。

小山内　そうですよ。

浅野　公約にあるから、担当の課長としてはとにかく実現しなくちゃいけないってことはわかってたけど、ケア付き住宅がどんなものか全然わからなかったからね。実際は小山内さんと当時の福祉課のメンバーと一緒に話して、どうしようか、どういうふうにやろうかって話し合いながら作っていったんですよね。楽しかったけど、結末は失敗でしたね。

小山内 今思えば、よかったなと思う。

浅野 僕も夢中でやったけども、あとから小山内さんに、「道営住宅で、なんでふつうのところに入れなかったの、ふつうの人が入っている中にポツンポツンとケア付き住宅を入れればよかったのに」って言われて、その通りだなと思った。

小山内 それが夢だったね。

浅野 それを別棟にしたんだよね、別に八世帯。あれは失敗でしたね。僕もノーマライゼーションの理念、ふつうの地域の中で一緒に住む、生活するっていうことがまだしっかりわかってなかった。

小山内 あれから私は、旭川の市長だった五十嵐広三さんに手紙を書いて、公営住宅の中に作ってくださいって言ったの。そうしたら、入る人が決まってからその人に合った設計をオーダーメイドにしてくれて、五十嵐さんががんばってくださって、浅野さんの失敗が元になってね。

浅野 失敗が歴史を作るんだね。怒りが歴史を作るしね。

小山内 そうじゃないかと思うよ。

原点

母に尻をたたかれて

浅野　小山内さんは、ケア付き住宅に限らず、とくに障害をもった人、重い障害をもった人も「自立」っていうことを、地域の中でふつうの生活をするということを、運動としてやってきていろいろ実現もしてきたし、自分も実践してきたわけですけれども。何で、小山内さんがそういうようなことを考えて、また実践するようになったのか。何で、そういう道を目指すようになったんですか？

小山内　やっぱり基本は簡単なことなんですね。小学校、中学校になっていくと、母に全部ケアをしてもらっていたから、この母が死んじゃったらどうしようかって思ったんです。私が先に死んでいけばいいんだけど、もし間違って私のほうが長生きしちゃうと、私は生きていけないなと思って。でも、昔のような施設には行きたくないし、家には誰も待っていないし、きょうだいには厄介になりたくないし、その不安は小学生のころからあったね。親の手がなくなったらどうしたらいいかっていう。

浅野 施設には入りたくないってことをおっしゃったけども、それはやっぱり生活の体験からくるのでしょ。

小山内 そうですね。施設では、職員は足りないし、ごはん食べるのも待ってなくちゃいけないし、トイレ行きたい時に行けないし、夜中にトイレに起きたりしてそのままトイレにいたこともある。これは刑務所かなーっていう。すごい風邪ひいて寝てる時があって、誰もお水も何もくれないから、しょうがないからスチームのところに溜まった虫の浮いているような水を、口でストローくわえて飲んじゃった。

浅野 その施設にも職員の人いるでしょ、ついてるわけですよね、支援するために。

そういう人たちはどうだったんですか？

小山内　いい人もいたし、残酷な人もいっぱいいた。いい人が来たらお水飲ませてくれるし、変な人だったらおしっこ行きたくなるからだめって怒られるし。

浅野　こっちで選べない。いい人に当たればいいけど、そうじゃなかったら悲惨なことになるわけだよね。

小山内　毎日宝くじのようなもの。苦しかったね。まだ子どもだから。四年間しか施設にいなかったけど、小さいから、精神的に何が苦しかったかってわからない。とにかく私は、知的障害者だって言われてたから。

浅野　そうらしいね。知能テストして。

小山内　そう、六十だって。職員たちが平気で私の隣で、あの人とあの人不倫してるとか、いろんなこと勝手なこと言うのね。なんだかわからないけど、「憎いなー」と思って。わかっててもヘラヘラ笑ってるしかなかったね。

浅野　施設にいるからケンカできないしね、嫌われちゃいけないもんね。素直にしてなくちゃいけないし。

小山内　いけないね。苦しかったっていうより、こういう大人社会かと思って、勉強になったなって。

浅野　とにかく、施設で暮らすってことはとてもとても自分じゃできないと、やりたくないと思ったわけですね？

小山内　これね、母が中学校の時から、「自分たちが死んだら、どうするんだ」って言ってました。福祉村ってコロニーのようなものだと考えてて、私はなんとなくコロニー行くのいやだったけどね。でも、そこでしか生きられないんだったらしょうがないなって思ったね。

浅野　福祉村っていうのは、かなり大きな集団的なケア付き住宅、住宅とは言えないんだけど、そういうもんだったよね、イメージとしては。

小山内　障害者だけで三百人ね。

浅野　三百人もいるんだもん、周り見ても全部障害者だけってところは、やっぱりふつうではないよね。でも、一応それを小山内さんは作ろうとしてたでしょ。その時に僕が、「なんで福祉村作りたいと思ったんですか」って、小山内さんに聞いたら、「一人で泣くスペースが欲しい」と言ったあとに、「でも浅野さん、ほんとはセックスするスペースが欲しかった」って。

小山内　うふふふ。それはね、私の友達が施設にいて、そこに遊びに行った時のこと。若い障害者がいっぱいいて、六人部屋とか四人部屋に住んでた。で、若い女の子が男の子の部屋に入って来て、カーテンをサーっと引いて、何か変なモジョモジョって聞こえるの（笑）。それで、何やってるのかなと思ってびっくりしてね、そしたら周りの人がラジオを大きくかけてね、テレビを大きくかけたりしてね、知らーん顔してるんですよ。その時に、「あー、こういう世界が障害者なんだ」っていうのが、悲しいなって思って。私はまだその時若かったから、彼氏もいなかったし。経験もなかったから、そんなにセックスなんて興味なかったんだけど、ものすごく悲しかったことを覚えてる。悲しくて、悔しかった。福祉村を作るのは、一人でボケっとする部屋が欲しかったのと、あとからよく考えたら、カーテン一枚の中で男女が触れ合ってたあれを見て、絶対くり返しちゃいけないなと思って。

浅野　今でもそうかもしれないけど、障害者のセックスっていうのは、けっこう自分たちも周りから見てもタブーになってるよね。障害者にはセックスっていうのはないんだと、自分たちも周りもそういう感じで、当時はとくにそうだったでしょ。

小山内　私なんか、「一生、男なんかわからないで死んでいくんだな」って思ってた。それがなんかエネルギーになったというか。

浅野　自立するってことは大事だって、だけどその底の底には、原点には、やっぱり男の人とも付き合いたいと、そのためにはっていうこともあったんだね。

小山内　セックスを手に入れるために、いろいろな勉強しなきゃいけないし、いろいろなアパートも作らなきゃいけないし、働いてお金も手に入れないと、男性にご飯ごちそうしてあげなきゃいけないし。いろいろなこと身に付けないと男性に呼びかけられなかったから、一生懸命勉強したよ。

浅野　わかりやすいねその話は。すごくわかりやすい。小山内さんて、行動力があるじゃないですか、考えたらすぐやっちゃう。

小山内　ありすぎるね。うふふふ。

浅野　やっぱり、そこが他の同じような障害をもってる人とちょっと違うところですね。

小山内　それは、親が偉かった。

浅野　どういうふうに偉かったの、お父さん、お母さん？

小山内　両方。私がやりたいって言ったらお金くれたし、やりたいって言ったら母がついて来てくれたし。

浅野　そんな障害もっていたら、ふつうの親だったら、そんなのやめとけとか言うよね。そこをやれやれって、お金も出すからって。それは偉いね。

小山内　私がやりたいって言うことほとんどやらせてくれた。それと、子どもの時は絶対に毎日スーパーに連れてった。

浅野　スーパー行ってみたいって言ったら、連れて行ってくれたの？

小山内　いや、「行かなきゃだめだ」って母が言ったの。「地域でウロウロしないとあんたのこと理解しないから、隠れていてはいけない」って。

浅野　偉いね、お母さんは。

小山内　私は、あんまり行きたくなかったんだけど。母は、「私を家に隠したら、おまえ負けだよ」って言ってた。

浅野　逆に、お母さんに尻たたかれてるみたいなもんだったんだ。

小山内　たたかれてた。「飽きるまで自分の身体を社会に見せなさい」って、「そのうち人は飽きるから」って。

浅野　ふつうお母さんだったら、こういう障害もっていたら、保護するじゃないですか。ケガしちゃいけないよとか、外に行ったらいじめられるからって言って守ってやるっていうのが多いけど、その逆だ。別の意味での守り方なのかもしれないけれども、すごいことですね。小さいころは、北海道の和寒で育ったんでしょ。「わーさむい」って書くんだもんね。寒いところでしょ、ものすごく。

小山内　父は、学校を作る運動をしてた。

浅野　それは、小山内さんが学ぶための学校っていうこと？

小山内　いや一般の学校もなかったから。

浅野　そういう社会活動をする人だったんだ、お父さん。

小山内　水道引いてきたり、電気引いてきたりいろいろしてきた。私が障害の運動やってたら、「美智子ちゃんは、お父さんのDNA引いたんだね」って言われた。

浅野　なるほどね。小山内さんは、本もいっぱい出してて、小山内さんといえば文筆業みたいなものだけど、書くってことについてはどうだったんですか?

小山内　書くことは、私、子どもの時は知的障害者と見られていて、通信簿は一ばっかりだったけど、なぜか国語だけは三とか四だったの。「この子、俳句とか短歌とか詩とか書かせたら面白いこと書くね」って、ほめてくれた先生がいっぱいいた。「すごく面白いから書きなさい」って、「他のことできなくてもいいから、自分の心にあること書きなさい」って、元気づけてくれる国語の先生が何人かいてくれたの。

浅野　それも出会いだね。それが、小山内さんの文筆の原点みたいなもんだ。

小山内　高校生の時にね、障害が重かったから行くところなかった。先生に、「老人ホームに行って、話し相手とか手紙の代筆ならできるから、やらせてください」って言ったの。小学校へ行って、子どもに勉強を教えるボランティアをやってるお年寄りがいて、そこからヒントを得て。ああいうことなら私でもできるかもしれないと思った。

浅野　それもやっぱり、自分で書くってことが得意だったってことだよね。

小山内　それは、高校の先生が偉かったんだと思う。老人ホーム探してくれて。

浅野　先生にも恵まれたね。

小山内　そう、一般的な先生は、「できるわけないじゃないか」って言われたけど、その先生は、「そっか、じゃあ探すからね」って言ってくれた。老人ホームで私が手紙書くと、息子さんたちが遊びに来るのね。みんな、「息子が来てくれる。書いてくれ、書いてくれ」ってオファーがある。

浅野　成果が上がってるんだもんね。小山内さんとしてもやりがいがあるじゃないですか。

小山内　あったね。自分でも役に立つことがあるって。高校を卒業したらどこに行っていいかわらなくて、私とにかく一般社会を知りたかったのね。それで、教会だったら親切な人たくさんいて受け入れてくれるかなと思って、父に、「教会連れて行け。障害のない友達欲しいから教会連れて行け」って言った。あと、絵描くの好きだったから、近くのカルチャーセンター行って、最初は母がずっとついて来たんだけど、だんだん同じく絵を描いてる奥さんたちが、絵具出してくれたり、一緒に喫茶店連れて行ってくれたり、トイレに連れて行ってくれたり、一緒に旅行行ったりした。「あー、社会ってこういうものか」って、すごくうれしかった。

浅野　絵を描くってことだけど、絵も上手だよね。本の表紙なんかにも小山内さんの絵使ってあるじゃないですか、あれみんな足で描いてるんでしょ。

小山内　教会でいちばん面白かったのは、子どもたちに足で折り紙折ったり、絵描いたり、自分の名前書いたりして、「あんたたちもやってごらん」って言って。

浅野　子どもたちもびっくりして見てるわけでしょ。この人、足で字書く、足で絵を描く、子ども目まるくしちゃうね。

小山内　面白がってた。やってごらんって言ったら、みんな喜んでやるわけよ。

浅野　そうやって子どもたちと触れ合って、お友達になっていったというわけね。障害をもたない人とも友達になりたいって言ったら、すぐできたわけだ。そこもすごいね。僕のことばで言えば、「慣れっこいん」ですか、人なつっこいというか。

小山内　人間が好きだったね。

浅野　人間が好きだったから、こっちも興味持ってるから、向こうも興味持つんだろうね。それも才能だよ。

施設

えらい勘違いをしてきた

浅野　小山内さんは、いろいろなことやったけど、「いちご会」を作ったのはいつ頃ですか？

小山内　「いちご会」作ったのは、二十三歳の時。若かったなー、若い時からやってよかったよ。

浅野　そうだよね。その頃のほうが今より元気あった。

小山内　あったあった。東大の先生で西村秀夫先生という方がいて、私が寝巻きを着ようとして職員を驚かしたっていう原稿を何かに書いたんですよ。それを見て、その原稿がよかったたってわざわざ東京から私が十八歳の時に来てくださって。

浅野　それが西村先生との出会いだったんだ。向こうから押しかけて来たんだ。こんな面白い原稿を書くのはどういう人だろうと。そこから始まったのね。

小山内　手紙書いたら、赤ペンいっぱいついてきて、もう一回書いてって、また出してまた戻って来てって、二年間くらいやったかなー。もうバカバカしくなって、やんなっちゃったこともあったけどね。だけどどこの先生なんでこんな真剣に赤ペン入れてくるのかなーと思って、私わからなくて、「文通やめましょうか」って言ったこともある、うるさくてね。でも先生が、「あなたにとって、これは生きていくうえで大切な勉強なんですよ」って言われて、東大の先生が言うからやっといたほうがいいかなって思って軽い気持ちで。すごくいい勉強させてくださったね。

浅野　そこから、どういう展開になるんですか、西村先生との関係は。

小山内　西村先生は、一月十五日に、「いちご会」作ったんです。

浅野　「いちご会」を作るにも、西村先生の力を借りたってことですか。西村さんが後ろにいたってことなんですか。

小山内　あの先生がいなかったら「いちご会」できなかった。

浅野　そうか、そこから西村先生も小山内さんの運動に入り込んでいったようなものなんだね。「いちご会」の事務所もその時から作ったの？

小山内　事務所は最初は私の部屋だった。

浅野　どうやって仲間を集めたの？

小山内　仲間は、いろいろな施設から連れて来たり、本人が来たり、親が来たり、いろいろな人が出入りして。父が三世帯のアパート借りて、三人で自立生活して、ケアの時間が何時間あったら生きていかれるかとか、私の部屋の台所を床に造ってくれたり、車いすの人は車いすで使いやすく作ったり。

浅野　それにもお父さん関わってるわけなんだね。その「いちご会」の目的っていうのは、自立生活の実践ってことですか、まずは。

小山内　最初は、福祉村。福祉村の建設はもう決まってたの。決まってたけど、部屋は四人部屋、六人部屋ばっかりで。

浅野　福祉村を個室化にする運動？

小山内　他にもいっぱいあって、障害別に分けないこと、自立するアパートも別にすることって、三つくらい要求した。
浅野　それは、相手は役所？
小山内　北海道庁。あなたのいたところ。
浅野　僕はいなかったよね、その時はね。福祉村建設運動っていうのは、学校の先生方と親たち、僕も付き合いあったけど、あの人たちとは仲良くやってたんですか。
小山内　私は嫌われた。「黙ってろ」って、「そういうことは、親と先生がやるから黙ってろ」って。
浅野　そうだったの。で、どうした、黙ってなかったでしょ？
小山内　そんなことに負けちゃいけない。自分のことは自分で訴えるべき。それで、嫌われないと事が運ばないんだなってことがわかった。
浅野　嫌われることが、歴史を作るってやつだね。
小山内　いくら「一人で暮らしたい」って言っても、行政も社会にもわかってもらえないから、わかってもらえないならやってみる他ないって。仲間を集めて、それからボランティアを集めて、今で言ったらグループホームだよね。
浅野　大変な冒険だよね。
小山内　冒険だね。失敗か成功かどっちかしかできない。これで失敗したら全部否定されるし。

浅野　福祉村建設の会があって、それは学校の先生と母親。学校の先生は自分の教えた子どもたち、母親は自分の子どもが入るところとして、福祉村を作ろうとしたわけでしょ。小山内さんの場合は、その運動でいろんな要求も出したけど、自分も福祉村に入ろうと思っての運動ですか？

小山内　最初は入ろうと思ってた。そのうちに、スウェーデンのケア付き住宅のこととか本を読んで知って、これを北海道でやりたいなあと思った。

浅野　じゃあ、福祉村ではないと、これは違うと。福祉村はできたけど、結局自分では入らなかったし、批判してたよね。それで次は、どういうふうに運動の方向を決めていったの？

小山内　それで、二十七歳の時に自分で命がけで寄付金集めて、スウェーデンの障害者の生活を見に行った。

浅野　それは小山内さんから見ても、スウェーデンに行っていろいろびっくりするようなことがあったわけだよね。日本の北海道の札幌と障害者の生き方も違ってるし、いろいろな制度も違う。

小山内　スウェーデンには、一カ月間何にもスケジュール作らないで行ったんだよね。通訳の人は、「日本人がいっぱい見学に来るけど、みんなスケジュール作られてて、夜は酒飲みに行く」って怒ってたわ。マニュアル見せられて、何かこれ面白くないねって思って、「これ何のマニュアルですか?」って聞いたら、「日本から来た人たちのマニュアルなんだ」って言ったけど、「私は、そういうこと聞きに来たわけじゃないんだ」って言ったの。

浅野　マニュアルってどんなの?

小山内　どういうふうにケアするとかなんだけど。私は、日本で勉強して来てたから、いろいろな問題とか、これからのテーマとかを。「あなたの知ってること教えてください」って通訳の人に言ったの。そしたらびっくりした顔して、「あなた、他の日本人とちょっと変わってるね」って言われて、話すことを変えてくれたね。街歩いてたら、障害者の人にたくさん会うのね、会った人に声かけて、「あなたのお家に行ってもいいですか」、「あなたの職場に行ってもいいですか」、「一緒に飲みませんか」って言うと、みんなちゃんと応えてくれる。だから通訳の人は、「時間かけて、障害者に声かけて、生の生活を見られてよかったね」って言ってた。ほんとの勉強は一週間くらいじゃできないんだよね。私は一カ月もいたから贅沢だった。

浅野　かなりずうずうしいですね。町で会った人に、「あんたの家に連れてって」って言って見に行ったわけでしょ。

小山内　浅野さんの言うように、かなりずうずうしかったよ。「映画に行かないか」、とかね。通訳の人がドキドキしてて。

浅野　逆に通訳の方も、小山内さんの熱意と、こういうやり方が本当の視察だってこともわかったからじゃないですか。そこまで相手の人と付き合うっていう視察はないもんね。

小山内　すごく面白かった。これは、日本に持ってくるべきだと思った。

浅野　日本の人にもこれを伝えたいと。そういう思いで帰って来てどうでした？

小山内　私たちは、えらい勘違いをしてきたなと、間違いをしてきたなと思った。施設を作ろうとかね。それではだめだなってなって、それから地域のアパートで暮らして、ケア付き住宅になるわけです。

自分の家

楽に生きて楽に死んでいけるところ

浅野　スウェーデンの経験というのが「脱施設」に。でもその頃は、僕が北海道庁に行った頃もそうだけど、むしろ施設、施設、施設、施設だったでしょ。

小山内　そうですね。

浅野　とくに知的障害者施設なんて足らないから、どんどん作ってくださいって担当課長の僕のところに来るんですよ。僕もちょっとおかしいんじゃないかなと思った。それより早くに小山内さんは、施設、施設っていうのはおかしいんじゃないかということをスウェーデンでの経験も踏まえて持って来て、小山内さんはケア付き住宅には入れなかったけど、そのあとまた新しい運動しましたね。

小山内 自分たちでケア制度を作った。寄付金で人雇って、障害者の人のところにケア派遣したんです。

浅野 ケアの人を、障害者のところに派遣してもらうという仕組みじゃなくて、障害者の人たちが、ケアの人を選んで雇ってだよね。これ、ものすごく画期的なことだよね。

小山内 あの時が一番楽しかったね。みんなお金も足りなかったけど、ボランティアも足りなくて、札幌市で介護のチケット制度作って、一時間働いたらチケット渡してお金もらえるようにした。そういう制度を作ったんです。

浅野 それで大きいのは、自分たちが主役だってことだよね。派遣してくれるのを待ってるんじゃなくて。

小山内 待ってたら誰も来ないよ。

浅野 それは札幌市も理解して、そういうチケット制度を作ってくれたってことだよね。

小山内 うるさいから。

浅野 うるさいからにしたって、すごいじゃない。そこもすごいとこだね。小山内美智子さんは、結局口がうまいんじゃないですか？

小山内　口がうまいね。

浅野　それから、おどしたり、すかしたり、なだめたり、ごまかしたり。

小山内　あなたやられたでしょ（笑）。

浅野　説得して、要請して、支援者もその気にさせるってことですね。

小山内　その気になってくださって（笑）。

浅野　活動する中で、一番大変だったことは何ですか？

小山内　お金。なんだかんだお金がかかる。いろいろなお客さん来るし、ご飯作るのもお金かかるし、ボランティアもお金がかかるし、企業とか政治家とか、もう必死に回って歩いたね。夢あってもね、お金なかったら何にもできない。若い頃は、新聞に出たりテレビにいっぱい出てたから、どこ行っても「小山内さんですね」って言われた時代があったから、自費出版して本売ったり。

浅野　小山内さんは、お金集めの天才だよね。企業回りしたりして、「じゃあ出してあげましょう」ってどうやるの？

小山内　面白かったよ。銀行とかデパートとかいろいろぐるぐる回って。お茶が出てね、お茶をストローで飲むでしょ、そしたらね、お茶をストローで飲むの熱いからね、「お水いりますか」って言われるの、「お水入れたらおいしく飲めないよ」って言って、そうやって会話になっていくから。

浅野　なんとなくこう親しくなっていくわけね。そうすると帰れとも言えないしね、そっから話始めるわけか。

小山内　でね、私がこういうことやるのには、障害者の力では足りないから、何とか協力してくださいって。

浅野　それで、「ちょっと少ないけど、じゃあこれ持って行ってもらえますか」ってなるわけ。

小山内　そのあとに、そのお金をどうやって使ったかってことを新聞に手紙書いて、こんなふうに変わりましたってのを新聞に出してもらうの。ある会社にいただきましたって。それで、会社にちゃんとお礼の手紙も書いて、こういう形になりましたから、また来年もよろしくお願いしますって（笑）。必ずお礼状書くのが大事。母や父に、「何でも、やってもらったらお礼しなさい」って言われてたから、「お礼状書きなさい」って。

浅野　そうするとまた来年、「また来たの？」っていう対応じゃなくてね。

小山内　「また来たの？」っていう人もいるよ。「今年はいくら欲しいの？」って（笑）。だから、営業マンになれるよ。ビジネスのテクニックつけたんだろうね、私。

浅野　同じようなことで、行政ともうまくやったけど、ずいぶんケンカもしたでしょ、もう全然聞いてくれない役人もいただろうし、ちょっと企業とは違うような部分もあったんじゃないですか。

小山内　そうですね。でも今から思うと、すごく協力的な人もいたけどね。自分ではそう思うけど、余計なこと言ってしまうと上司に怒られるから言えないっていう辛さを抱えてた人もいたと思う。

浅野　ケンカっていうんじゃなくて、相手の立場もわかったうえで。

小山内　そう、ケンカじゃないよ。私たちは、生きていくためのものを求めてるだけだから、できる時はできるし、できない時はできないでしょ。

浅野　もう一つ、新聞社、マスコミの人ともずいぶん仲良くやってたでしょ。

小山内　面白いこと次から次へとやるか

ら、書いたら面白いだろうなーと思ってくれて、向こうからどんどん来たのね。

浅野 記者の人も面白がってるわけだね。

小山内 私も、「今度、こういうことやりますから来てみませんか」って手紙書いたりしたし、なんか記事になることいっぱいやってきたんだよね。

浅野 そうだね、記事になるからまたそれが運動としていいように回るよね。それを見て、参加しようって人も出てくるし、お金出そうって人も出てくるからね。

小山内 ついてたね。

浅野 そして、小山内さんが、「アンビシャス」という施設を作った。障害をもった人が、自立していくための訓練をしたり、生活をしたりするっていう、すごい一大プロジェクトで、ものすごいお金もかかったと思うけど。まず、何でそれをやろうとしたんですか？

小山内 単純なのよ。茶木豊子さんていう重い障害の人がいて、ケア付き住宅が終わっちゃって、風邪ばっかりひいて、肺炎ばっかりなってるから、茶木さんにとにかく暖かい部屋に住んで欲しかったの。茶木さんに明るい生活をしてもらいたかった。私、「アンビシャス」はアパートにしたかったの。一般の人も障害の人も一緒にって。施設はあんまり好きじゃないから。

浅野　だから、一般の中にあるケア付き住宅だよね。住宅なんだよね、施設じゃなくて。

小山内　一般の人も入れる二十四時間ケア付きアパート。茶木さんに長生きして欲しかった。

浅野　アパートにケア付き住宅を入れるっていうところから、いつのまにかもっと話が大きくなった、規模としてはね。

小山内　アパートだけじゃ儲からないって。それで、浅野さんもいろいろ財団の人に言ってくれたでしょ、三億かかったんだよ。

浅野　なるほどね。社会福祉法人として、ちゃんと社会福祉のお金も法的にもらいながらってことが必要だったんだよね。

小山内　私、ほんとはアパート作って、その中から作業所に行ったり、映画行ったり、大学行ったりして、いろいろな場所に行けるところ。茶木さんが楽に生きて、楽に死んでいけるところを作りたかったただけなの。

浅野　最初の目的とは違ったけども、やっぱり公的にしっかりもらえるような形のしつらえとして、「アンビシャス」っていうのを作ろうとしたわけですね。そこでひとつの理想というか、「アンビシャス」でそれを果たせましたか？

小山内　その時、「アンビシャス」を浅野さんが、「船だ」って言ってね。「乗ったり降りたりすればいいんだ」って、「船になる」って。覚えてる？

浅野　船？、いいこと言ったね。自分の言ったことすぐ忘れるけど、ことばとしていいこと言ったね。

小山内　「アンビシャス」はやっぱり施設だから、縛りがあるから、デイサービスにしたって、職員たちは障害者に何時に来いって言うの、私も毎日何時に来なきゃダメだって言われるの、来なかったらお金にならないから。

浅野　やっぱりそういうの作ったら、経営っていうか運営を考えなくちゃいけないからね。職員も雇ってるんだから、ちゃんと給料も払わなくちゃいけないしね、なかなか大変だよね、それは。

小山内　だから障害者は、冒険する時間もないし、ヘルパーさんも足りないから、今は、なかなか障害者自立生活っていうのは、私たちの若い時と違ってみんな黙って待ってるだけだね。

浅野　見てて歯がゆいね。

小山内　歯がゆいね。でもまあこれでいいのかなーっても思う。自分から映画行ったり、自分から大学行ったり、自分からそこら辺のカルチャーセンター行ったり、もっと一般的な人と会って失敗も成功もくり返して欲しいんだけどね。失敗したら施設の問題になっちゃうから、失敗させないようにさせないようにとなってしまう。

浅野　そうすると面白くないよね。障害者にとってはそれは与えられたものなんだよね。こういう活動っていうのが用意されて、これやってって、それはそれなりに面白くてやりがいがあったりするけど、ちょっと違うんだよね。

小山内　与えられてやりたい人がいてもいいけど、たまには自分から動かしていく障害者もいっぱい出てこないと。職員ばっかり結婚して、障害者のほうは作って十五年たってもなかなか結婚しないでしょ。それは悲しいことだよね。

浅野　なるほど、そうするとある意味、障害者の意識も行動も変わってきて、そういう中でほんとはこうやりたいってこともかならずしもできないっていう状況。これはしょうがない部分もあるね。

小山内 しょうがないね。デイサービスに来てるおじさんたちも、中途障害の人もいっぱいいて、家にいても奥さん大変だから、「アンビシャス」に来てお風呂に入って家に帰る、非常に家族に気を使って生きてるね。

浅野 だけど僕が感心したのは、三億円かかったんでしょ、「アンビシャス」作るのに。よくも集めたなと感心しましたよ。

小山内 ずっと四十年間、お金の戦いでしたからね。

浅野 そうだね。本の印税でも相当稼いだんだよね、流行作家並みだったんだよね。

小山内 稼いだね。自分では言えないけど、買ってくれる人がいた。

浅野 しかもその印税を、相当な額の印税を、自分で使うんじゃなくて活動のために出してるわけでしょ。

小山内 印税と講演会のお金、月に三百万、四百万稼いで、そのお金を全部持っていったら、私、生活保護だったたから、母に、「あんた何やってるんだ」って、

「それくらい稼げたら、あんた食っていけるじゃん、家も建てられるじゃん」って怒られて。「いや、このお金は、自分のために使ってはいけないんだ。将来自分が生きていくために運動していかないと、私は母が死んじゃったら困るから、そのためにお金を寄付して、若いうちに運動しておくんだ」って言ったの。

浅野　お母さんもわかった？

小山内　「もったいないね」って（笑）。

浅野　もったいないと思うよね。そんなもの貯金しとけばいいじゃないのよ。

小山内　いやー、若かったのよ。やっておかないといけないと思ってたから。今はやっぱり寄付に抵抗あるね、寄付してもいいんだけど、「アンビシャス」作っても、「アンビシャス」やめちゃって何にも残らなかったし。自分も年取ってきて、六十五歳になったらどうなるって心配してたけど。これからは、自分の家で死にたいからそのお金も貯金しなきゃいけないなーっていう、あさましい心が生まれてくるわけですよ。でもやっぱり建物じゃなくて、制度は裏切らないから、制度を変えていかないとね。

人生

生まれ変わったら

浅野　僕にとっては小山内さんと会ったのは、タイミング的には、僕が障害福祉の仕事をプロとして初めてやった、北海道庁なんですよ。

小山内　そうだったんですか。

浅野　それまで、障害者のこともほとんど知らないし、もちろんその障害者に関する仕事もしたことなくて、ただひとつあるとすると、厚生省で直前にいた年金局で、昔の「青い芝の会」の人たちとか、車いすの人たちが、障害者の所得保障を求めて年金局にも陳情に来たんですよ。対応して僕が感じたのは、すごいなって。

ここに来る行動力もすごいし、言っていることもすごく説得力がある、論理的だし頭がいいなと思ったり。経験はそれしかないんですよ。ただ小山内美智子にはそれ気をつけろよってことだけ聞いて、それで北海道に来て、ゼロから仕事を始めたわけですね。会ったのが六月、僕が来たの四月だからね。僕にとっては、最初の段階で小山内さんに会って、すごい強烈な印象というより、面白いと思ったからね。すぐに友達になったもんね。

小山内　そうですね。

浅野　だから、僕はそれからあと、厚生省の障害福祉課長の時でも、障害者や関係者とぶつかり合うって関係じゃないんですよね。同じ方向を向いて一緒にやっていく仲間っていう感じがしたんだけど。それにしても、こういう人がいるんだ、こういう活動をしてるんだってことが、どれもすごくインパクトがある出会いだったんですよ。

小山内　私にとって浅野さんは、そうねえ、私生まれてきて、たくさんの人に出会ってきたけど、やっぱり西村先生と浅野さんは、私にとって尊敬できて、すごく魅力的な人であって、人生を常に助けてくれた人。浅野さんがいたから、今の私がいると思ってます。浅野さんは役人だけど人間味があって、たまにちょっぴりセクシーなところもあって、すごく面白い人間。だから孤独な時は、浅野さんとちょっと二人っきりでいたいなーって思いも若い時はありましたよ。人間としても男としても大変魅力的な人だなーと思って。私が離婚した時も、浅野さんに電話かけたら慰めてくれたし、男の中の男というか、あったかい人だなと思って、浅野さんのような人間に会いたいなと、いつも思ってました。浅野さんは、半分真っ白な状態で道庁の仕事始めたから、自然と私と向き合えたのではないかと思ったし。ケア付き住宅作ってもいろいろ失敗あってすごい腹が立った時もあったけど、浅野さんのやわらかい、やさしい接し方に、「あんまり文句言わないほうがいいんだな」っていう大人の態度も教えてくれたし、人間としての先生。生まれ変わったら、浅野さんのような人と結婚はしたくないけど、三カ月間くらい恋人にはなりたいなーって。結婚は大変だからね、浅野さんとは、恋人になりたかったなーって思うのが私の本音です。

浅野　二人はそういう、男女とは別に相思相愛だよね。そして、小山内さんが恋をして結婚して、子どもを産んだっていうのは、個人的な部分でもすごいことだよね。自分でも成し遂げたって感じもしますか？

小山内　しますねえ。私ずるいから、いろいろな経験しないと、男性を口説いたり、結婚したり、ちゃんと子ども育てたりしたら、一人前の女になれるかと思って。子どもの保育園に行ったり、学校に行ったり、いろいろな経験して、息子が私に本の題材をくれたんだよね。私、若い時ぜんぜんモテなくて、でも自分を力づけるために、百人男を口説こうと思ったの。百人口説いてダメならあきらめようと思ったの。そしたら、勇気が出てきたの。

浅野　勇気だけじゃなくて、ちゃんと答えも出てきたじゃない。

小山内　うん、もの好きもいっぱいいるもんだね（笑）。

浅野　息子の大地くん。僕もちょっと感動したっていうか、大地くんだって自分自身でうんと頑張って、北海道大学に入って、そして選んだ学科がリハビリテーションじゃないですか。理学療法士になった大地くんが、お母さん美智子さんをマッサージしている。すごいことだよね、やっぱり大地くんもお母さんを見て大人になったんだね。今は言うこと聞かなくていろいろとあるでしょうけども。

小山内　聞くよ、電話かけたら来るし。

浅野　だけど今は、お嫁さんに取られちゃったみたいなもんじゃない。

小山内　それはもうわかってた。あんまり望まないってこと。

浅野　それも含めて幸せですね。

小山内　幸せですよ。

浅野　小山内さんの人生の中で、障害をもってここまで生きてきた。重い障害をもって、それをひとつひとつ克服してきたっていうのは、すごい人生だなと、僕から見たら思ってるんだけど。もし障害がなかったら、小山内さんのような劇的な人生は歩めないんじゃないかなっと思ったりしてるんだけど、こんなのはおかしいですか？

小山内　障害がなかったら、もっと激しい女だったと思う。三回くらい結婚して、国際結婚いっぱいして（笑）。生まれ変わったら、そうやりたいよ。

相思相愛の不思議な関係

浅野　史郎

小山内美智子さんとの初対面は、私が北海道の福祉課長になってすぐの一九八〇年六月であった。今回の対談者の中では、私との出会いの時期が一番早い。そういうわけで、小山内さんとは三十六年の付き合いとなる。そしてそれが、相思相愛の不思議な仲なのである。

相思相愛というよりは、お互いが相手を信頼し、尊敬しているという関係といったほうがいい。私は最初の出会いから、小山内さんを「すごい人だ」と感じていたが、今回の対談でますますその感を深めることになった。彼女の幼少期から若い時の活躍ぶりを聞いて、なるほどその時期があったからこそ、その後の活躍につながったのだと合点がいった。

私の誤解も解けた。お母さんは、障害をもった美智子さんを大事に、大事に守りながら育てたのだと思っていたが、そうではなかった。どんどん外の社会に出て行くことを勧めたというのだから、普通の障害児の母とは大きく違っている。お父さんも美智子さんの自立生活を支援した。両親そろって先進的なところがあった。この両親あっての美智子さんの活躍があることを知った。

私にとって、小山内さんとの出会いは、その後の行政官としての仕事のありようを示してくれたという意味で、とても貴重な機会だった。私を北海道庁に送り出してくれた厚生省の先輩からは、「小山内美智子に気をつけろよ。勝手なことを言って行政を攻撃するからな」と忠告されていた。ところが、出会いの時から「この人は面白いし、信頼できる仲間になりそう」と直感した。それが、その後の展開において、とても大きな意味を持った。

仲間だから、一緒に仕事ができるということである。実際、「ケア付き住宅」の企画を立案するのに際しては、ケア付き住宅に入居する立場の小山内さんの意見を取り入れながら進めていった。そして、この経験が「行政と障害者は敵同士ではなく、一緒に戦う仲間なんだ」という考えに繋がり、その後、厚生省障害福祉課長として施策を進めていくにあたっての基本方針になった。すべて小山内さんとの共同作業から始まった。その意味では、小山内さんとの出会いに感謝、そして小山内さんに改めて感謝である。

今回の小山内さんとの対談中に何度も「この人すごいな」と改めて感じる場面があった。対談の最後に、私からの愚問「障害がなかったら、こんな劇的な人生歩めなかったのでは？」に対する小山内さんの答に、「この人、ほんとにスゲー」と感嘆した。読者は小山内さんの最後の発言を読み返して欲しい。そのことに納得できるはず。

5

北岡 賢剛

一九五八年 福岡県生まれ
一九八四年 筑波大大学院障害児教育研究科修了
一九八五年 社会福祉法人「信楽青年寮」勤務
一九九一年 浅野史郎と出会う
一九九三年 佐藤進等と「平成桃太郎の会」結成
一九九四年 二十四時間対応型在宅サービスを実施
一九九七年 第一回「アメニティーフォーラムINしが」を開催
二〇〇〇年 滋賀県社会福祉事業団理事
二〇〇一年 社会福祉法人「オープンスペースれがーと」を設立
二〇〇四年 「ボーダレス・アートミュージアムNO—MA」を立ち上げる
二〇〇七年 滋賀県社会福祉事業団理事長
二〇一〇年 「アール・ブリュット・ジャポネ」展日本側事務局長
二〇一四年 社会福祉法人「グロー」(GLOW)理事長
(滋賀県社会福祉事業団とオープンスペースれがーとが合併)

出会い

映画「信楽から吹いてくる風」

浅野　北岡さんは、初めて僕に会った時のこと覚えてますか？

北岡　覚えてますよ。「信楽から吹いてくる風」の映画ができて、最初にその上映会とシンポジウムがありました。その時に初めて浅野さんにごあいさつさせてもらった。一九九一年、今から二十五年前だったと思います。障害福祉課長はお辞めになってて。

浅野　厚生年金基金連合会にいた時だな。現役の障害福祉課長じゃない、そのあとなんだね。

北岡　出会いっていうか、見たって感じでしたね。たまたま映画のシンポジウムに引っ張り出されたけど、自分は気の利いたことはしゃべれないし、頭の悪いのが全部ばれちゃうなって思ったことはすごく覚えてますね。で、浅野さんのネクタイが赤だったことも覚えてる。

浅野　まあその時は短い出会いだけど、自分の頭の悪いのがばれてしまうんじゃないかなっていうのは、事前の話でしょ、事後はどうだったの？

北岡　みなさんが、措置制度がどうだとかのお話されてるシンポジウムの最後に、僕があいさつで、「またこれから施設に戻って映画のような日常をくり返して、がんばっていきたいと思います」っていうようなことを言うわけですよ。その時に浅野さんが僕のほうを見て、ニコッて笑ってくれたんですよ。「そんなこと言うか」と思われた笑いなんだろうかとか思いながら、新幹線に乗って帰ったことを覚えてますね。

浅野　それはたぶん共感の笑いだね。こいつ面白いやつだなと思ったんだと思うよ。だって面白いんだもん。それに、「信楽から吹いてくる風」っていうのは面白い映画だったよね。全国行脚してたの？

北岡　上映会を千カ所位でやりましたね。あの映画は、映画会社シグロがお金集めて撮ったものだから、収入はすべてシグロ。障害のある人たちをテーマに、「笑えた、笑った」ということが新しいセンスだったんじゃないでしょうかね。笑うことを許された映画として。

浅野　そうだね。笑う喜劇役者でもないけれど、伊藤喜彦さん、「なさけない、なさけない」って言うのが印象的だったね。演技しているわけじゃないけど出てくるんだよね。映画には北岡さんも出演してたでしょ。

北岡　はい。だけど僕は、あの頃は自閉症の人たちにどう関わるかっていうのが、まだ自分自身で整理されてなくて、世の中的にもまだまだで。

浅野　試行錯誤の時だよね。

北岡　だから僕は、あの映画の中でパニックになってる自閉症の青年にオタオタしてる様子が映ってるんですよ。何にもできない職員がパニックになってる、呆然と見ているという映像が残ってます。

浅野　そういうところが生で出てたってところも、あの映画の良いところかも知れないね。

北岡　あの頃は、映画を見たあとのアンケートに、「障害者が一生懸命生きてる姿を笑ってる不届きなやつがいる。許せない」っていうのが、結構書いてあったんですよ。障害者が生きている姿をなぜ笑うのかと。まあ、それでいろいろ悩みました。でもある時、精神科医の北山修さんが映画を見て、「みんなよく笑ってるね」という話をしたのを聞きました。「いとをかしげなる女」とも言っていました。おかしいというのは、美しいってことだって。笑うっていうことは、自分の中にある何かと共通な部分を確認して笑うのだということです。「映像を見て、自分と一緒ってことを感じて人は笑ってるんだから、そんなの気にする必要ないよ」って言ってくれたことを覚えてますね。

浅野　今は、見て笑ってる人をおかしいと思うことが、おかしいよね。

北岡　今は、笑うことが大事ってことにもなってきてる。

浅野　笑うっていうことは、ふつうの人間として認めてるってことだから。

北岡　自分と一緒ってことなんですよ。

原点

こういう仕事っていいかも

浅野　北岡さんは、最初の職場として「信楽青年寮」に就職するんだよね。それは、きっかけっていうのはあったんですか？

北岡　大学院で勉強していて、滋賀県全体に興味を持ったんですね。それで、県内の障害者の施設を見学に行ったんですが、その中で「信楽青年寮」の取り組みっていうのが、一番かっこよかったんですね。なぜかというと、入所施設のほとんどの人が、朝からお弁当持って信楽焼の陶器工場に働きに行くんですよ。だから入所施設なのに昼間はほとんど人がいなかったんです。それで、陶器工場で働いている人が失禁とかして失敗すると、施設に電話がかかってきて、迎えに行ってお風呂で洗ってまた戻るんですよ。それを見た時に、「排泄の自立もできていない人を職場に送り出してるこの施設は、何なんだろう」と思ったんです。

浅野　何なんだろうっていうのは、否定的な意味でね。

北岡　否定的というか、驚きです。その頃僕ら大学では、働くための準備教育とは何かとか学んでたんですよ。ところが施設の職員たちは、「彼らが行きたいって言うから」って。それと、浅野さんがグループホーム作られたように、民間下宿っていうのを当時信楽でやってまして。

浅野　それは、「信楽青年寮」を卒業した人が入る信楽の町にある下宿屋さんだね。

北岡　そうです。そこに、土曜日と日曜日、学生の時に遊びに行ったんです。そしたらそこで、昼間からビール飲んでるんですよ。それまで僕の中では、知的障害の人がビールを飲むなんてことはマッチングしてなかったんですよ。これはどうなのかなって思って。当時、園長だった池田太郎さんに聞いたんです。

浅野　伝説の池田太郎さんだ。

北岡　そしたら太郎さんが、「ふつうの人間やないか、お前もビール飲むように彼らも飲むんだ」って言われたことが新鮮なことだったんです。当時、監査では注意されていたと思うんです。措置施設の入所で昼間人がいないわけですよ。二十四時間施設で彼らをみるために行政は措置費を払ってるのに、昼間は工場のおっちゃんおばちゃんにみてもらってるじゃないかと。

浅野　学生時代にそんな「信楽青年寮」にポンと出会ったわけだね。その時は、ピンポイントで信楽に行ったの？

北岡　いや、学生時代に全国で百カ所位青年寮を見た時に、「どうせだったらこういうところが面白いかな」と思って就職決めたんですよ。

浅野　当たったんだね、それが。

北岡　当たりましたね。

浅野　当時から滋賀県は人材が彷彿として出ていたというか、先駆けの所でしたね。そこに行ったわけだ。それで大学を出て、無事そこに就職したわけですね。入ってみて、外から眺めるんじゃなくて職員としてどうでした。

北岡　最初僕は、陶芸班っていうところに入ったんです。町工場に働きに行ってない人たちが、みんなで陶芸作業をやるっていう班に入って。最初の仕事は、「便所にトイレットペーパーを置く棚を作っといてくれ」って先輩に言われたんです。こっちは大工仕事は苦手だったから、できなかったですよ全然。当時、大学院を出て入所施設に就職するやつっていうのは珍しかったんで、「何だお前、頭でっかちで便所に棚も作れないか」って先輩から注意されたことを覚えてます。「あー、やっぱり役に立たないかもしれない」って思いましたね。

浅野　それをどう乗り越えたの？

北岡　それから、その施設で働いている時に、施設の外に茶畑があって、そこでお茶を摘むっていう仕事があって、なんとかやってました。これもすごく苦手な仕事なんです。どれがお茶の葉っぱかわからなくなるほど苦手なんです。「信楽青年寮」から僕らの足で歩いていけば二十分位のところにその茶畑があって、そこで働いてる時でした。その日、脳性麻痺でなかなかうまく歩けない青年が風邪ひいて施設の中で寝てたんですよ。そしたら、施設に僕あての電話がかかってきて、館内放送で、「北岡さん電話です」って放送されたらしいんですね。そしたらその青年が、「北岡は茶畑にいる」と言って、靴履いて、彼の足だと茶畑まで四十分位かかるんだけど、熱があるのに呼びに来て、「北岡はーん、電話やでー」って。

浅野　びっくりするね。

北岡　言われた時にはびっくりしてね。「いくらなんでももう電話切ってるよ」って彼に言うんだけど、もうド真剣な目してね「電話やー」って言うのよ。その青年と一緒に軽トラックに乗って施設に戻って、「電話ですか」って職員に聞いたら、「一時間位前に電話ありました」。「でも電話だったんやー」って青年は一生懸命言って。「あー、やっぱりこういう仕事っていいかもしれないな」と思ったんですね。

浅野　なんとも面白い話だね。いろいろなことがあったわけだ。

北岡　毎日、入浴介助やり、当直もやり、いろいろなことをやっていました。

浅野　施設では、町に出て行ったり活動をしている人がいる一方で、施設から出られない人もいるわけだよね。

北岡　そうですね。だから例えば、信楽焼の工場では働けないにしても、施設を出て町の下宿で暮らすことはできるんじゃないかとか、施設の中にあった陶芸班とか他の班も、全部信楽の町の中に作って、グループホームとかからそこに通うということだってできるんじゃないかとか、思ってましたね。

浅野　そういう発想と行動っていうのは、「信楽青年寮」あげての話ですか、それとも北岡さんが異端児的に？

北岡　それは、池田太郎さんの懐の深さだと思いますね。いつも太郎さんは、「とにかく彼らには、四つの願いがある」って僕らに言ってました。それは、「どんなに障害の重たい人でも、人の役に立ちたい」という願い。「働きたい」という願い。「楽しく暮らしたい」という願い。そして、「みんなと一緒に生きていきたい」という願い。この四つの願いがあるのだと。だから僕らがこの願いに沿って考えれば、太郎さんは何でもやらせてくれたんですよ。

浅野　そうかあ。「信楽青年寮」に入ったのはほんとに正解だったね。

北岡　そうかもしれませんね。僕、太郎さんに一回すごく怒られたことがあって。

土曜日に宿直明けだと日曜日は仕事がないもんで、昼間からウイスキー飲んでたんですよね。

浅野 寮で？

北岡 「信楽青年寮」の敷地内に職員宿舎があったんです。そこで飲んでたら、太郎さんが僕の部屋をノックしたんです。たぶんまじめな話をしたいと思ってたんだと思うんです。でも僕はすっかり酔っ払ってるもんだから、すっごい怒られて「昼間から酒飲むやつは、ろくな実践家にならん！」って。それで僕は、「仕事終わったんですから何したっていいじゃないですか」って言い返したんですよ。

浅野 言ったの！

北岡 そしたらすごい怒っちゃって、僕の持ってたウイスキーのコップを取り上げてバーンて割られて、怒って帰って行ったんです。でも夜、「俺の家でウイスキー飲もう」って言って呼びに来てくれて、「北岡、おまえ頼むから昼間は飲むな」と、お土産にウイスキー二本もらってきた。

浅野 いーねー。

北岡 すぐ怒る人だったけど、すごいかわいがってもらいましたね。

浅野 そこから、どう行動していったんですか？

北岡　それから、町の工場に行っている人たちの職場開拓とか、少し給料上げてくださいという交渉とか、そういうのは僕はできるかなって思った。もうひとつは、民間下宿で暮らしている人たちは、「もう信楽青年寮に戻りたくない」と言っている。だから、「信楽青年寮」でない、今でいうグループホームみたいなものを作ることは僕はできるかもしれないと思ったんですね。自分で立候補して、住宅を借り上げる交渉をやらしてもらった。そこで、籍は「信楽青年寮」に置きながら、町のグループホームで暮らしてもらった。そしたらみんな、「帰りたくない」って言うんですよ。だったら施設を退所して、グループホームで暮らす。それはどうもできそうだと思ってやり始めた。

浅野　当時の信楽の状況だけど、信楽焼を担っている人がどんどん高齢化していって、若い人は継がないわけですよね。だから力仕事にしても、労働力をその信楽焼をやってるところが必要としたってことはあったんですね。

北岡　すごくあったと思います。一人では就労できないにしても、職員と一緒になってそこの工場で働くことを町内の人が認めてくれたり、施設の運営母体である「しがらき会」も認めていたという。

浅野　需要と供給というか。魚心と水心が合ったっていうところがあったんだね。

北岡　そうですね。それとまれに、「何かこいつが来ないとさびしいね」っていうおっちゃんたちがけっこういて。

浅野　僕は、よくノーマライゼーションってことを説明する時に話すんだけど。「信楽青年寮」に来てる人たちって、全国から来てるじゃないですか、だからお盆とかお正月になると、町から障害をもった人たちがいったんいなくなる。それを信楽の町の人たちは、「あれ、今までと違う、彼らがいない」と。つまり、彼らが町の中にいっぱいいる、働いてる、遊んでるっていうのが、ふつうの風景。僕なりのことばで、「町に慣れる、町が慣れる」っていう言い方をして、信楽の話を使わせてもらってるんですよ。

北岡　ほんと不思議なくらい、彼らがいないとさびしいっていうのが浸み渡ってた感じがしますね。夏休みとかに彼らが帰る時に、工場のおばちゃんたちが信楽の駅にお土産を持って来るんですよ、「お母ちゃんに渡しー」みたいな感じで。

浅野　ちょっと大げさに言えば、町の人が育ててるんだよね、彼らをね。

北岡　ほんとに小さな町ですからね。人口一万四千人位の。信楽は山の上にある盆地みたいな町なんで、町の人が一人ひとりの名前を覚えてくださってるって感じはすごくしました。

浅野　今で言うコミュニティだね。

北岡　そうですね。信楽ではたまに雪が積もるんです。工場の作業での失敗作を、彼らなりに思うところがあって雪の中にどんどん捨てるんですよね、失敗がばれないように。ところが雪が解けるとそれが出てきて「お前またこんなとこに捨てたな」って、工場のおっちゃんは怒るんだけど、なんか面白がってる感じがあって。知的障害のある人との付き合いの深さみたいなことを、そのおっちゃんたちの雰囲気から僕はすごく感じましたね。信楽は、一九五八年からずっとゆっくりゆっくり町を作ってきたと感じましたね。

浅野　おっちゃんたちもこういう人たちと付き合ってるうちに、ちゃんと理解して、それもいいもんだと思って受け止めてたんだね。

アール・ブリュット

もっと彼らに出来事を

浅野　北岡さんから聞いたエピソードですごく印象に残ってるのがあった。テーブルの上に置けないコップとか、水を入れると漏れてくる花瓶とか。

北岡　「信楽青年寮」で作ってた陶芸作品を、売るってできそうだなと思って、伊藤喜彦さんが作った土鈴とかを持って営業に行ったんです。彼らが作った和紙はあちこち破けてるんだけど、この破れがいいんじゃなかと思って営業やったら、けっこうみんな引き受けてくれて。いわば授産工賃を稼ぐ売り込みみたいなことをやっていたんです。当時、陶芸班では食器を作るというのが主な活動内容だったんですね。コップ作ったり、お皿作ったり、茶碗作ったり。信楽の町は陶芸品であふれてるから、二級品のようなところで売らせてもらって、「これは障害者が作ったんです」とか言って、買ってもらうようなことを当時はやってたんです。

浅野　これは障害者が作ったっていうと、ほんとは三百円のところを六百円で買ってくれるところはあるわけだよね。

北岡　そういうのをやってたんですけど。コップ作れと言っても茶碗作れと言っても、無視して違うもの作る人たちがいるわけですよ。「コップって言うたやろー」って言っても、丸いダンゴみたいの持って来て「これコップや」って言うんです。あと「花瓶だ」って言って持ってきた青年がいて、その花瓶は底がないんですよね、だから水を入れると全部出てきちゃう。コーヒーカップもどっから飲んでいいかわかんないような。僕らはこれは失敗作だと思ってて、みんなが帰ってからそれを水につけて明日の粘土に再生する。それが僕らの仕事だと思ってたんですよ。なかなかこの人たちは難しいんだなと思ってた時に、その水漏れする花瓶とか、どっから飲んでいいかわからないコーヒーカップみたいなものが、芸術家の目から、田島征三さんていう絵本作家ですけど、その田島さんが、「これ東京に持って行って千五百円で売ったら売れるよ」って言いだしたんですよ。

浅野　田島征三さんとはどうやって知り合ったの？

北岡　絵本の専門店にいろいろ営業に行ってる時に出会ったんです。

浅野　展覧会もやったよね。

北岡　東京の銀座の「ギャラリーサンヨー」でやりました。その時は一般の陶芸家とコラボレーションして、どれが障害のある人の作品かをわざとオープンにしないでやったんですよ。そうしないとつまらないねって言って。鯉江良二さんっていう陶芸家の方と一緒にやったんですけど、負けじと売れましたね。とにかく施設にあるものを全部持って行って、三日間で全部売っちゃったんですよ。百万円位。だからその時に初めて、何かこういう可能性もあるんじゃないかって。

浅野　それは、ひとつの転機だね。

北岡　だから、花瓶は水が入らなくてもいいんだとか、コップは飲めなくてもいいんだとか、それでも東京で暮らしている人たちは買って行くんだってことが、すごく面白かったですね。
浅野　花瓶は水が入らなくてもいいんだっていう発想は、ふつうは持ち得ないよね。それもまた発見ですよね。
北岡　例えば、コーヒーカップも飲めるように僕らが高さを揃えたりしてたんですよ。でもそれをやると、安い値段で設定しても売れないんです。これは不思議だなーと思いましたね。
浅野　今振り返ってみたら、ちょうどその頃にもうひとつの出会い、僕はさをり織りに、城みさをさんに出会ったわけですよ。彼女も、どこかの養護学校にさをり織りの機械をあげて見に行ってみたら、「城さん、失敗作ばっかりですよ」って先生方。でもそれを見た城さんは、「すごい、これはすごい」と言ってびっくりしたと。そこから彼女の活動が始まったんですね。「彼らは持ち続けている才能のある人たちだ」ということを言っていて。僕の中にそういう芸術と障害者っていうのの合致性っていうのがその時からあって、それで信楽の話聞いて、すぐにすんなり僕の心の中に入ってきたんだよね。信楽は、既存の芸術家に影響を与えたっていう部分が非常に大きいところだと思うんです。

北岡　僕も、まさにそうだと思うんです。彼らに媚びを売って、知的障害のある人たちの何かにおもねって、芸術家がほめてるんじゃなくて、彼らは、ほんとうに僕たちが行きたいところ、作りたいところに最初から立ってると。

浅野　田島征三さんのことばもあるもんね。「勝てない」って。

北岡　僕ら、それはうそだろうと思ってたんです実は。なんか同情じゃないのか、ほめすぎてんじゃないかって思ってたけど、長く田島征三さんと付き合ってきて思うのは、あの時の彼らに対するリスペクトっていうのは、やっぱりほんとだったんだなって。

浅野　アール・ブリュットっていうアートの展覧会もやってますよね。きっかけは何だったんですか？

北岡　青年寮で余暇の時間に絵を描いてる人たちがいて、当時生活を担当している職員が、「この人は、絵が好きそうだから」って言うんだよね。彼らが描く絵とかオブジェなるものが、僕はどっちかっていうとこんなの描いたって何になるんだろうという程度に思ってて、どのタイミングでこれ捨てようかなって感じだったんです。田島征三さんと鯉江良二さんが絵見て、「この絵はすごいね」って。それでこの絵がどうすごいかを説明してくれるんですよ。そしたら僕もだんだん絵が気になり始めて、「そう言われれば確かに面白いな」ってなってきたんです。こういう作品を面白い、こういう絵を面白いっていうことを、芸術家の連中が言うようになってくれた。そんなに面白いんだったら、美術として勝負できないかって思ったんです。でも日本の美術館は全然美術的値打ちは認めてくれなくて、美術館には展示してくれない。「面白いけど、市民ギャラリー貸すからここで一週間やったらどうか」とか、そういうレベルだったんですね。

浅野　そりゃそうだと思うよ。

北岡　僕は今でも、アール・ブリュットっていうのはことばが大事というよりも、ひとつのプラットフォームだと思っています。作品をどう思うか、いい意味でも、つまんないという意味でも、何とかこの作品について議論できる、障害者だからほめなければいけないとか、障害者だから作った作品は全部ダメって話じゃなくて、どうなのかを評価して欲しかった。だけど評価してもらうことさえできなかったんですよね、当初は。それである人に、「日本の美術っていうのは、海外で一回ちゃんと評価を受けないとなかなか難しいよ」とアドバイスを受けまして、子どもの学資保険を解約して、スイスのローザンヌの「アール・ブリュット・コレクション」という美術館に行ったんです。

浅野 日本の美術っていうのは、障害者の美術っていう意味じゃなくて？

北岡 そうです。「今の北岡の手法では、日本の美術の壁はずっと破れない。だから海外で評価を受けて追い風が必要なんじゃないか」と、それがローザンヌにあると。それで行ったんですよ。最初持って行ったら、向こうの人がすごいびっくりして。

浅野 作品を持って行ったのね。

北岡 作品と図録を持っていったんですよ。そしたら最初は売り込みに来たと思われた。でも話をしていったら、すごくいい雰囲気になって、「この作品はすごい、これはアール・ブリュットだ」と向こうが言うんで、「これは世界で通用する話か」

と聞いたら、「もちろん、日本にはこんな優れた作品がもっとたくさんあるのか」と言うので、「あります」という話をした。それから三年間、そこの美術館と僕らで協同事業をやるんですよ。日本に美術館長以下学芸員がやって来て、それで僕らがあちこち案内して回った。「やっぱり面白い、ぜひローザンヌで展覧会をやろう」と言われました。こちらからも、「日本の美術館でもローザンヌで収蔵されている作品を借りてきて展覧会をしたい、できれば日本の作品と並べて見せたい」と伝えました。日本でもローザンヌの館はある程度認めていた美術館だったので。

浅野　ちょっと異質な美術館だけど、でもちゃんとした美術館という認識と理解があったわけね。

北岡　そこに収蔵されている作品と、日本の作品を同じ空間に展示すれば、日本の作品も評価するものだというようになる、と僕は思ったんですよ。それで日本で同じ空間に展示をして、例えば日経新聞の編集委員さんに見に来てもらって批評を書いてもらうとかですね、いろいろあの手この手を仕掛けました。それがなんとなく入口ですね。

浅野　そのあと、パリであったよねすごい展覧会。二〇一〇年だっけ、三カ月のはずが好評で延びて。

北岡　そうですね。一番強かったのがフランスのパリで、約九カ月間で十二万人の人が入って、その美術館にとって新記録だったらしくて。それで、日本でもこれはただものじゃないっていう話になって。やっぱり日本のマスコミにパリはすごく強いっていうのがよくわかりましたね。僕らにとってみると、ローザンヌで成功したことをもっとマスコミは書いてくれるのかなと思ったけど、全然だめで、パリだと違うんですよ。それから日本の美術館がパリでやった日本のアール・ブリュット展を持ち回るような、巡回展っていうんですか、日本の公立美術館七カ所が、自分のところの予算で回してくれたんです。

浅野　そうなったら、あんな冷たい仕打ちを受けたんだから、出してやらないって言えばよかったのに（笑）。

北岡　いやいやいや、もううれしくて。それでだいぶ雰囲気が変わってきた感じがしましたね。

浅野　そのパリの美術館の時に、作品の作者、またその家族たちが現地に行ったんだよね。

北岡　最初、まずフランスにある日本大使館に、「こんな展覧会をやるんだけど応援してくれないか」と言いに行ったら、門前払いくらいそうだったんですけど、厚生労働省から大使館に来てる人が動いてくださって、大使館としても応援しようということになったんです。

浅野　公邸でレセプションやったんじゃなかったですか。

北岡　はい、大使公邸で。フランスの国の美術館の館長とかをお招きになってて、当時はご夫婦だった、辻仁成さんと中山美穂さんもやって来ました。フランス側はほとんど文化人で、こっちはアール・ブリュット作家とその家族と施設の職員たちが五十人位行くという感じでしたね。

浅野　大使館としてもすごいメンバーが来て喜んだでしょ。

北岡　そうですね。そういうこともあって、すごくいろいろな方が、「今あそこで日本のアール・ブリュット展やってるから見に行ったらどう」、みたいなことを。

浅野　わーっと広がったんだよね。

北岡　展覧会に来た人は、作者と写真撮ったり、あとサインしてくれとかね。まったく垣根ないんですよフランス人は。

浅野　こっちも垣根ないんだよね。

北岡　ええ、作者にも垣根はなくて、「あ、サインですか」みたいな感じで淡々としてたんですけど、それを見てた親だけが感動していたという。

浅野　僕は、これは芸術が障害者を変えるのではなくて、障害者が芸術を変えるっていうふうにも思ったんですよ。

北岡　本人たちは評価されるために作ってるわけではないし。

浅野　それがまたいいんだよね。

北岡　本人たちは、何か社会を変えたいと思ってるわけでもなくて。

浅野　売って金儲けようなんてまったく思ってない。できあがった作品がいいんじゃなくて、描いている過程が幸せなんですね。だから描き終わっちゃったらまた次にいくってことだよね。作品にこだわらないっていうか。

北岡　なぜこの人たちは、画用紙だったら画用紙を埋め尽くすのかとか、なぜ同じことをくり返しやっても飽きないのかとか、しかも長い時間、一年中、何十年もそういう行為をくり返しながら、作品を生み出していることの延長に、一発あててやろうっていう魂胆もない。そういうことに、僕らが感動していることがあるんだろうなと思います。フランスの展覧会の時に、知的障害を伴う自閉症の青年が、ご両親と医者を目指すお姉ちゃんと来てたんです。そのお母さんから聞いた話ですけど、出展者として観覧者からも歓迎されている弟を目の当たりにして、お姉ちゃんがすごく誇らしげに弟の手を引いて美術館を歩いていたと。それまでは、お姉ちゃんが弟を自慢の存在としてみているところを親として見たことがなかったから、すごく感動したと。アール・ブリュット作家のまわりには、いろいろな出来事があったんですよね。五十人だったら、五十人ともそういうエピソードがあって、僕らはそういうことを受けてもっとがんばろうと。日本にはもっとたくさんの作家がいるはずで、もっとそういう作家の持っている良さとか、作品の面白さを紹介していくことで、五十人が百人になり、百人が千人になるんじゃないかというようなことで、ずっとやってるんです。

障害福祉

みんなと仲良くなりたい

浅野　北岡さんは、「信楽青年寮」に十六年いましたが、何でそこを出たか聞いてもいいの。

北岡　もちろんです。僕が行った時は、四カ所の民間下宿があったんですね、トータル十五人くらいは外で暮らしていた。グループホームの担当を僕がやって、人口一万四千人の町にグループホーム二十五カ所作ったんですよ。百人が「信楽青年寮」から出たわけです。「信楽青年寮」は八十人の入所施設ですが、百人出た分また八十人いっぱいになる。何か、「グループホームに行くには、入所施設を通過しないといけないのかよ」と不満だった。家からグループホームっていうのは当然あっていいはずなので、そういうことをやろうとか。あと、あるお母さんに、「ほんとは施設には入れたくないけど、母子家庭だし、フルタイムで働いているから入所施設に入れないと養護学校の時間と自分の働き方がマッチしないんだ」と、言われて。福岡寿とか田中正博とかで話して、「レスパイトをやるべきだ。やろうぜ」って。それで、「信楽青年寮」の職員たちに相談して、仕事が終わってから在宅サービスをする。日曜日で仕事がないんだったら朝から晩まで在宅の人のケアをする。そういうことを有志で始めたんですよ。そうこうしているうちに、滋賀県が制度改革してくれて、じゃあ、補助金出すからモデル事業でやってみようかってことになるんですね。それやってると入所施設を利用している親御さんたちから、「いい職員ばっかり地域で使ってんじゃないか」って言われたり、「そんなにがんばるなら、施設のことをもっとやってくれ」と、そういう声が出てくるんですよね。その気持ちはよくわかる。でも、グループホームに入ってもまた施設に戻って来るこの現状を考えると、「施設に戻らないでいい仕組みを、僕らで作ろうじゃないか」と考えた連中が何人かいたんです。それで、同じ法人の中で横並びで始めたんです。だけど、本流はこっちだ、あっちは支流だというのが出てきてしまった。だったらそれぞれ仲がいいまま別々の法人にして、それぞれ全力投球でやれるようにやったほうがいいんじゃないかと。で、僕は「信楽青年寮」を二〇〇〇年に出て、二〇〇一年に「オープンスペースれがーと」を立ち上げたんです。

浅野　じゃあ、「信楽青年寮」を出て、一年位の準備期間、空白期間があったのね。

北岡　出て一年間準備かけている時に、滋賀県の國松知事から「事業団に来い」って言われたんですよ。れがーとが立ち上がると同時に事業団に行って、れがーとの理事長をしながら滋賀県社会福祉事業団の理事をやってたんです。國松知事に、やりたいこと全部やらせてくれますかって聞いて、三つのことをやりたいと言った。一つは、「地域で暮らす仕組みやサービスを作りたい」と、もう一つは、「障害者の文化芸術を伸ばすチームを作りたい」、それと、「誰もが地域の中で困ったら対応できる体制を充実したい」と、この三つをやらせて欲しいと言ったら、応じてくださった。それで、滋賀県社会福祉事業団の僕のチームに、これらのことに取り組む職員が配属されました。一方れがーとは、グループホームで暮らすためのサービスを作るのと、二十四時間のホームヘルパーを派遣する社会福祉法人として、産声を上げたんです。

浅野　國松さんの個性もあるけれど、僕は北海道で仕事している時から、福祉先進地滋賀県って憧れだったのよ。滋賀県での歴史と伝統と人材があっての中での、ひとつの出来事っていう感じもありますか。

北岡　そこに憧れて滋賀県に集まった若者も多かったし、池田太郎さんがよく言ってたのは、「障害者を一つに集めたらあかん、地域に消えていくことを支援することがわしらの仕事だ」ってことだったので、それを考えるとこういう取り組みじゃないかって、ずっと思ってきたっていうのはありますね。

浅野　北岡さんは、障害のある人の地域生活を大切にしていこうとずっと思ってきたよね。それで仲間がいたんだよね。

その頃僕は障害福祉課長は辞めてたけど、同じ思いはあって、それでできたのが「平成桃太郎の会」。面白い面白いって、乗っかってた気がするんだけど、どういうふうにして始まったんですか？

北岡　佐藤進さんの存在が大きかったですね。あえて言えば、彼の言ってることがいちいちかっこよかったですよ。措置の時代でありながら、「障害者が地域で暮らすメニューを作って地域に買ってもらうんだ」って。師と仰ぐような、ああいう先輩になりたいって思ったのが、僕とか曽根直樹、田中正博、福岡寿。それが集まってたんですね。

浅野　佐藤さんが中心だったんだ。

北岡　まあ、強引に中心に置いちゃったんですけど。それで、佐藤さんの家で焼き肉食ってた時、佐藤さんがさかんに、「浅野史郎はすごくいいんだ」ってすごくうれしそうに言われてて、僕らは浅野さんの名前は知ってたけど、「もっと親しくなりたいですよね」とかミーハーな気分で、「この業界の有名な人たちとみんな友達になったら楽しいかもしれない」ってしゃべってたんですよ。また集まろうぜってやってるうちに、佐藤さんが、「あの施設はぶっつぶしたほうがいい」とか、「あいつはダメだ」とか、そういうことをたくさん言ってて。それが、僕らにはすごくかっこよく見えたんですよ。俺もああいうふうになりたいって。みんな思ってたんじゃないかな。それで、この会の目的はどうするんだってなって、悪いやつを退治しに行こうって。代々木の青年会館に集まって、「平成桃太郎会設立総会」みたいなことをやろうって。「浅野さんは俺が呼ぶから」って佐藤さんが。

浅野　僕はそこに行ったんだ。

北岡　写真があるんですよ。横断幕まで作って、みんなで同じシャツ着て。

浅野　あの頃は、あなた方に乗せられたのもあったけど、僕も楽しんだよね。名前もすごくわかりやすくていいよね。夢があって。

北岡　未だに、入りたいって言う若者がいたりしてね。もうないけど。

浅野　初代桃太郎が、佐藤進だったよね。

北岡　みんなで投票したんですよ。そしたら全員が「佐藤進」って書いてたから、じゃあ佐藤さんも「佐藤進」って書いたんじゃないかって話になって。でも、「あ、佐藤さんもなりたいんだ」って、みんなでうれしくて笑ったこと覚えてますよ。

浅野 それは相当なインパクトも意義もあったってことだよね。

北岡 シンポジウムをやるってことになって、「平成桃太郎の会」を滋賀でやったり、山口、秋田、けっこういろいろな地域でやりました。三百人位集まってたんですよ、どこでやっても。

浅野 それは、みんなが目指してきたものを理解して、賛同して来たってことだよね。

北岡 それと、浅野さんを見たいとか、伊達の小林繁市さんとか、福祉の実践の先輩が何を考えてるのかを聞きたかったし、厚生労働省の現役の課長さんとか、前任者も含めて初めてじゃないですか、役人と膝交えて、夜通ししゃべり合った歴史っていうのは。

浅野 公式の所に現職の厚生労働省の役人がやって来て。僕の当時の感覚では、民間のわけのわかんないところに課長が出ていってやるっていうのは、あんまり役所的に歓迎してなかった。だから、文化が変わってきたんだなって思ってる。そういう雰囲気ができてきたね。

北岡　基本的には、国の政策を批判している連中が集まってくる会でしょう。施設中心なんかけしからんみたいな参加者が多くて、そこに出てくる役人の度胸もいったのかもしれないし、面白いと思ってくれるかどうかっていうのもあったと思いますが、あれは相当、浅野さんが風穴を空けてくださったと思いますね。行ってもいいんだと。

浅野　当時は、度胸がいることだったけど、今や呼ばれないとまずいっていう非常にいい文化になってきた。

北岡　僕らは、すごく急いでたと思うんです。行政は行政として、施設を守っている人がたくさんいる中で、法律改正があったり、流れを作っていくのには時間がかかると。でも僕らは、さっさとなくせばいいんだと。国の根性ひとつでなんとでもなるじゃないかというぐらい焦ってて。議論も乱暴だったところもあったけど、やっぱり仲良くなりたいって気持ちはみんなあったから。敵対することに美学を持っていた人たちもいたけど、僕らはもうちょっと根性がなかったのか、「意見は言うけど友達でいてね」っていうのがあったんじゃないですかね。

浅野　知的障害者の代弁者にならずにはいられないから、だからやんわりと仲良くね。

北岡　価値観を交換する場であったたって、思うんですよ。役所はそう考えるの、なるほどと。役所なりの価値観を知る機会になる。僕らみたいな現場でちょっとつっぱってた連中が、そんなに急いでるんだとか、僕らが大事にしている価値観を役所の人にもわかってもらえる。最近振り返るといい時間だったなって。それから或る役人に、「あんたらは正しいことを言ってるかもしれないけど、あんたらを応援している政治家は誰もいないんだ。だからあんたたちの要望を切ってもたいしたことはない」みたいなことを言われたんです、当時。だからそうかと、これは政治家まで巻き込まないとダメなんだって思って、政治家の方もお招きするようになったんですよ。

浅野　その役人の本音だね。僕はね、最初からみなさんを仲間だと思ってた。年金の仕事してる時は、「私は、厚生省の人間です。たまたま年金の仕事をしてます」というのが僕のアイデンティティーだったけど、障害福祉課長やってる時は、「障害福祉の仕事をしています。たまたま私のポジションは霞ヶ関の役人です」と変わったんです。それはスクラム組んでるってイメージだったのね。スクラムだから敵がいるわけですよ、敵は何かっていうと、世の中の無知無理解。それに体張って、民間の立場だったり、当事者の立場だったり、親の立場だったりで、戦っているイメージだったんですよ。でもさっきの役人は、あくまでも自分のアイデンティティーは、役人だというところから抜けられない。役人はこういうもんだ、というところからきているんだね。

北岡　一緒に変えていこうという、浅野さんが僕らに出したメッセージはほんとに大きかったですね。

浅野　その時に込めたメッセージとしては、障害福祉の具体的な中身の進め方じゃなくて、行政も仲間なんですよっていうのがもっと大事なメッセージだったの。自分はそう思ってた。もう一つ会の役割は、「意味のある研修会」というものじゃないですか？

北岡　今もそうですけどね、施設の人からよく言われるのが、アメニティーフォーラムは、現場の職員が「自分が行きたい」っていう珍しい研修会なんですって。それと個人参加の人がけっこういて、全部自費で。

浅野　アメニティーフォーラムの壇上でしゃべる機会があった時に、目の前の聴衆を見てびっくりしたというか、感動した。奥がかすんで見えるんだよ。千人を越える人たちがいて、こんな会には出たことないって。

北岡　みんな真剣に聞いてるんですよ。役所も役に立ちたいと思っていて、僕らもそういう人たちと繋がりたいと思っていた。新しい社会を、障害者にとって暮らしやすい街を作るための施策をやっていこうと、それは政治もそうだと思っていた。これも浅野さんが知事になってからですかね、アメニティーフォーラムに知事をたくさん連れて来てくれたことあったじゃないですか、知事も障害者の話をしてるんだって、参加してた人にとっては驚きだったと思いますよ。

浅野　知事のほうもこういうことを知っておくっていう意義も大きいよね。国会議員も喜んで来る人が十人越えてるんじゃない。与野党問わず。

北岡　障害者差別解消法が議論になって

いた時は、民主党政権で、野党の賛同が得られてなかったんだけど、アメニティーフォーラムの出番前に登壇する議員たちが、控え室で膝つき合わせて議論したんです。そしたら壇上で、「絶対この法律は通す」って野党の議員も言ったんですよ。会場がどよめいた。それを国会議員たちが本に書いているんですよ、「障害者差別解消法はよく成立したもんだ。あれ、アメニティーフォーラムの舞台の裏だったよね」みたいな話を。まさに現場で、みんな前向きな気持ちになってくるんでしょうね。

浅野　朝日新聞の一面になったのがありましたね。施設解体宣言。

北岡　あのおかげでアメニティフォーラムは、「施設解体フォーラム」とあのあと言われ、入所施設関係の団体のお偉いさんたちから、「あのフォーラムには行くな」と、職員たちにブレーキがかかったそうです。それでも職員たちは来たいから、「施設名を名札に書かないでくれ」って言って、個人参加で集まるようになったてことがあるんです。そのきっかけは、施設解体宣言なんですよ。

浅野　そうか。

北岡　あれでアメニティーフォーラムは、一本背骨が入った感じもあって、なんというか、浅野さんからのプレゼントって言えばプレゼントなんだけど、みんなは困ったなあって、でもそうやって、みんながこそこそ隠れてでも集まる会になった。

浅野　そうやって集まってくるのがほんとの本物だよね。放課後の話もあるんですよね、浅野史郎と走るから朝六時に玄関前に集まれって、國松さんも走ったけど。いろいろな思い出があって。いろいろな意味で、障害福祉の世界だけじゃなくって文化を変えた。アメニティーフォーラムは、障害福祉に関係している職員の人たちを変え、施設を変え、行政を変え、政治家を変え、みんないい方向に、前向きに。これは特異な会だね。大変だと思うけど、僕としては続けて欲しい。

愉快な男が世界を変える

浅野　史郎

北岡賢剛さんと初めて会ったのは平成三年、私が障害福祉課長を辞めて二年経った頃のことである。私にとっては、遅くやってきた障害福祉の仲間ということになる。年齢も今回の五人の対談相手の中では一番若い。初対面の彼は、当時、三十三歳。若手バリバリの働き手であった。

人懐っこくて憎めない人柄、茶目っ気がある。愉快な若者というのが、最初の印象であった。その後、北岡さんは活動のフィールドを広げ、知的障害者の地域生活を支援する拠点である「れがーと」を立ち上げたり、アメニティーフォーラムの企画運営に関わったりと活躍を続けていく。最近では、アール・ブリュットの普及・推進に力を発揮している。そんな姿を頼もしく眺めていた。

北岡さんの行動力とそれを支える思いの強さの原点はどこにあるのだろうか。これまでの私に不明だったそのことが、今回の対談で見えてきた。原点は、滋賀県の信楽青年寮での経験であり、直接的には、池田太郎園長との出会いであった。いいところに行ったものだ、いい人に出会ったものだ。これが別な施設、違う人だったら、今の北岡賢剛の大活躍はなかっただろう。運命的な出会い、出会いこそ運命という思いがする。

対談でアメニティーフォーラムのことを話していて、気がついたことがある。前身の平成桃太郎の会発足前夜のこと。北岡さんから見れば、私はミーハー的な気分で「会ってみたい、話してみたい」という存在だったらしい。そうとも知らず、私は私なりの思いと共感でこの企画に乗っていったのだが、それはそれで私にとっても北岡さんたちにとってもいい結果をもたらすコラボレーションだった。

アメニティーフォーラムは、知的障害者の地域移行を志向する全国各地の仲間たちが集い、話し合い、最新の情報を交換し、お互いの士気を高める場として、絶大な力を発揮し続けている。そこに現職の役人、後には政治家、知事、市町村長などが来賓としてではなく、一般参加者と同等の立場で参加していることの意味はとても大きい。「障害福祉のあり方について皆で考える」という時の「皆」の中に、役人、政治家も加わるようになったのである。その魁（さきがけ）が元厚生省障害福祉課長の浅野史郎だったと言えるのはとてもうれしい。北岡さんたちに、改めて感謝したい。

私より十歳下の北岡さんは、中年を通り越してもはや老年に近い。そんな北岡さんはまだまだ進化し続けており、新しい分野に挑戦しているのがうれしい。それがアール・ブリュットの世界である。障害福祉の分野にとどまらず、芸術を変える、世界を変えるというところまで行くところが頼もしい。

あとがき

この本のための対談がすべて終わり、編集作業が進んでいた頃（二〇一六年七月二六日）、相模原市「津久井やまゆり園」で重度障害者大量殺傷事件が起きた。犠牲者が十九人という我が国の犯罪史上でも例を見ない大量殺人事件である。犠牲になったのが重度の障害者だったということに衝撃を受けた。

植松容疑者がこれほどのおぞましい事件を起こすに至った要因は何だったのだろう。他人を傷つける恐れがあるとして措置入院した際に「そう病」と診断されるなど、精神障害の疑いがある。大麻など薬物中毒も疑われている。優生思想ともいえる独特の障害者観を持っている。サイコパス（反社会性人格障害）と決めつける人もいる。この中で、独特の障害者観の持ち主というのが特に気にかかる。

「重度障害者は社会にとって役に立たない存在だ」、「重度障害者は生きている意味がない」という障害者観は極端であるが、「障害者は何もできない」、「障害者はあわれだ」と思っている人は少なからずいる。「障害者はみんなかわいそう」というぐらいに認識している人は数多くいる。世の中には、植松容疑者の障害者観に通ずるような障害者観を持っている人が大勢いることを認めざるを得ない。

「かわいそうだは差別のことば」というのは、自閉症の息子を持つお父さんの言である。お父さんがそう喝破《かっぱ》するのを目の前で聞いたことがある。「障害は不幸ではない、不便であるだけ」

というのは、「五体不満足」の著者乙武洋匡さんである。障害者を見て「かわいそう」と思ってはいけないというのではない。「かわいそうだ」と言い放つ自分の心の中に差別の気持ちが混じっていないか、立ち止まって省みる余裕があるといい。

大学で障害福祉論のゼミを開講している。新規に履修する学生に決まって言うことがある。「障害福祉はあわれでかわいそうな障害者に何かいいことをしてあげるというものではないんだよ」と言う。「そうではない何物かということをこのゼミで学んでもらう」と続ける。重症心身障害者は何もできないなどという思い込みを打ち壊してやる。重度の障害者は世間の厳しい風を浴びないように守ってやるだけでいいといった見方を払拭する。重症心身障害者が活動している姿に接したり、ゲストの話を聞いたり、障害者の就労の実態を知ったり、障害者の芸術作品を鑑賞したり、さまざまな方法で既成概念を捨てるように仕向ける。

「君たちをそれぞれの職場で障害者のことを一番理解している人材として送り出すために、このゼミをやっている」というのは本音である。彼らが、地域や職場において障害者への差別や偏見をなくすための尖兵として活躍することを願ってゼミを続けている。

植松容疑者は解雇されるまでの三年あまり、津久井やまゆり園で勤務していた。手厚い保護を受け、長期間入所している重度の障害者に日夜接してきた。そうした中で、「重度の障害者は施設の中で保護されているばかりで何もできない。社会にとって役に立たない存在だ」という思いを強くしていったのではないか。

津久井やまゆり園は、相模原市の北端、高尾山の南側の山あいにある。昭和三九年設置の神奈川県立の施設であり、社会福祉法人かながわ共同会が指定管理者として運営を受託している。重度の障害者の入所施設であり、定員は百五十人。昭和四〇年前後、重度知的障害者を入所させる施設として、全国に数多くの同様の施設が公立で設置された。多数の障害者が終生暮らすコミュニティという意味合いからか「コロニー」の名称がついた施設が多い。津久井やまゆり園は、そういった流れの中で設置された施設である。

事件を受けて、今後やまゆり園がどうしていくのかが気になるところである。入所者の家族会らは施設の建て替えを求めている。これを受けて、神奈川県当局は施設を建て替える方針を固めた。建て替えにあたっては、これまで以上に厳重な警備体制を整備し、事件の再発を防ぐことに万全の体制を築くことになるだろう。

しかし、建て替えに着手する前に、神奈川県には熟考してもらいたい。障害者福祉の流れは、地域社会における日常的生活の支援に向かっている。重度の障害者が地域で自立生活を送ることができるようにするために、地域における支援の仕組みが急速に充実しつつある。二〇一三年に施行された障害者総合支援法は地域福祉重視の方向を明確にした。総合支援法は「全ての国民が、障害の有無によって分け隔てられることなく、相互に人格と個性を尊重し合いながら共生する社会を実現」することを基本理念としている。

私が宮城県知事時代の二〇〇四年には「みやぎ知的障害者施設解体宣言」を発表し、知的障害者が地域の中で生活できるための条件を整備することを宮城県の知的障害者施策の目指すべき方向として示した。全国的にも、コロニー見直しの動きは始まっている。障害者の処遇をめぐり、社会は大きく変わりつつある。「そんな中で、津久井やまゆり園の今後のあり方について展望を示さないままに、今までどおりに建て替えをするというのですか」と神奈川県に問うてみたい。

地域の人たちが津久井やまゆり園を見る目を意識する必要がある。「あそこは、重度の障害者が手厚く保護されながら、外からの侵入を排して、一団となって生活するところ。生涯にわたりそこで生活する施設だ」という意識を地域の人たちの中に定着させていいのだろうか。今は昭和四〇年代とは違って、重度の障害者でも地域の中で生活をすることができるような地域移行の資源が地域の中に用意されている。重度の障害者は施設を退所したら生活できない状況ではない。そうやって地域に出て行く障害者の姿を見ることによって、地域の人たちも、「障害者は何もできないのではない。重度の障害者でも地域で生活することができる」ということを実感することになる。障害者への正しい理解が進むのである。

建て替えは、施設のあり方を見直す大事な機会である。立地場所は人里離れた山あいから、少しでも賑わいのあるところに移したらどうか。重度障害者を集めた大規模施設でなく、小規模化を図るべきである。何よりも、そこで終生保護し続けるという施設運営の基本を見直し、入所者の地域移行を進める動きのある施設を目指さなければならない。

植松容疑者が抱いていた障害者観「何もできないかわいそうな存在」は、少なからぬ人たちの間で共有されている。その意識を変えるためには、「障害者にもできることはたくさんある」ということを地域の中で生活する障害者と接することにより実感することである。そのためには、津久井やまゆり園のような施設が、動きのない障害者だけで固まった閉じた施設から開かれた施設への変身を遂げなければならない。そうでなければ、今回犠牲となった十九人の障害者は救われない。

異常に長文の「あとがき」になった。この文章を書こうとしていた丁度その時に、植松容疑者によるおぞましい犯罪がなされた。大きなショックを受けると同時に、このまま何も書かないでいるわけにはいかないという思いにとらわれた。

ここに書いたことは、この本に登場する五人の快男児・快女児がそれぞれ言っていることと同じである。対談の当時は、この事件は起きていない。にも関わらず、事件発生を予見していたような、モノの言いようであった。

そういった意味でも、いい本ができたと思う。そう言っても自画自賛にはならないだろう。なにしろ、この本は五人の対談相手と私との共同作品であるのだから。彼らの口からほとばしる珠玉のことばが踊っている。

いい本ができたのは、すべて対談相手の皆様のおかげである。対談を引き受けてくださったこと、素晴らしいお話を聞かせてもらったことに心から感謝申し上げたい。そして、この本を企画してくださり、困難な編集作業を見事に仕上げてくださったぶどう社の市毛さやかさんには、最初から最後までお世話になった。作業を急がせたり、無理難題を押し付けたりしたことをお詫びしながら、ここに感謝の言葉を捧げたい。ありがとうございました。

二〇一六年十月　浅野 史郎